지상명령 바로알기

지상명령 바로알기

지은이　마크 데버
옮긴이　김태곤
펴낸이　김종진
초판 발행　2020. 10. 13.
등록번호　제2018-000357호
등록된 곳　서울특별시 강남구 선릉로107길 15, 202호
발행처　개혁된실천사
전화번호　02)6052-9696
이메일　mail@dailylearning.co.kr
웹사이트　www.dailylearning.co.kr

책값은 뒤표지에 있습니다.
ISBN 979-11-89697-10-5　03230

지상명령의 개혁된 실천

지상명령
바로알기

마크 데버 지음

김태곤 옮김

개혁된실천사

목차

1장
지상명령, 당신, 그리고 지역 교회

본서의 목표는 지상명령이 무엇인지 이해하도록 돕는 것이다. 그리고 개별적인 그리스도인의 삶 속에서 그것이 어떤 의미를 갖는지 이해하도록 돕는 것이다.

성경에는 "지상명령"이라는 말이 나오지 않지만, 그리스도인들은 예수님이 승천하시기 전에 주셨던 마지막 명령을 오래전부터 그렇게 불러 왔다. 다음 성경 구절을 기억하는가?

"예수께서 나아와 말씀하여 이르시되 하늘과 땅의 모든 권세를 내게 주셨으니 그러므로 너희는 가서 모든 민족을 제자로 삼아 아버지와 아들과 성령의 이름으로 세례(또는 침례)를 베풀고 내가 너희에게 분부한 모든 것을 가르쳐 지키게 하라 볼지어다 내가 세상 끝날까지 너희와 항상 함께 있으리라 하시니라"(마 28:18-20).

십자가에 달리시기 전 공생애 사역 기간에, 예수님은 자신의 사역 대상이 이스라엘의 잃어버린 양들에 국한된다고 말씀하셨다(마 15:24). 그러나 부활하신 예수님은 이제 온 땅의 심판주로 높여지셨다. 다니엘 7장에 나오는 인자처럼, 그분은 전능자의 권세를 가지고 살아나셨다. 예수님의 통치는 이제 이스라엘을 넘어 열방으로 확대된다. 그분은 하늘과 땅의 **모든** 권세를 지니셨다.

이 권세를 확언하신 후에, 예수님은 그분의 제자들에게 모든 민족을 제자로 삼으라고 명하신다. 헬라어 원어에 따르면 이 문장에서 명령형 동사는 단 하나 등장한다. 그것은 바로 '**제자로 삼아**'라는 동사이다. 그리고 이 동사 앞뒤에 세 개의 분사들이 등장한다. 즉, '가서'라는 분사가 '제자로 삼아' 앞에 위치하고 '세례(또는 침례)를 베풀고' 및 '가르쳐'라는 분사가 '제자로 삼아' 뒤에 위치한다.

가서, **제자로 삼아**, 세례(또는 침례)를 베풀고, 가르쳐

첫 번째 분사 '가서'going는 대체로 '가라'go로 번역되기도 한다. 이것은 나쁘지 않은 번역이다. 왜냐하면 원문상 이 말은 문장의 서두에 나오며, '제자로 삼아' 앞에 위치하기 때문이다. 헬라어로 읽는 독자들은 '가서'라는 말에 특별한 강조점을 부여해야 한다는 것을 이해했을 것이다. 어쨌든 이 분사를 '가라'go로 번역해도 좋다.

제자 삼는 일이 가서 세례(또는 침례)를 주고 가르치는 것에 달려 있다면 누가 가는 사람goer을 파송하는가? 누가 세례(또는 침례)를 주며 가르치는가? 이 일은 주로 개인적인 복음전도와 제자 삼기를 통해 이루어지는가? 아니면 어떤 다른 방식이 있는가?

교회 개척을 통해 지상명령을 수행하는 교회들

지상명령에 대한 책들은 종종 복음전도나 선교에 초점을 맞춘다. 그 책들은 그리스도인으로서 우리가 개인적으로 하는 일을 강조한다. 필자도 그런 책을 하나 썼다. 『복음과 개인전도』*The Gospel and Personal Evangelism*라는 책이다. 한 번 읽어보기를 권하는 바이다. 개인들이 복음을 전하지 않고 다른 사람들을 가르치지 않으면, 지상명령은 결코 완수될 수 없을 것이다. 하지만 그런 개인적 사역만으로 지상명령이 완수될 수 있을까? 전도용 소책자를 손에 들고서 전도 여행을 떠나는 개별적인 그리스도인들에 의해 지상명령이 완수될 수 있을까? 아니면 예수님의 말씀은 다른 어떤 것을 의미하는가?

이 책에서 나는 지상명령이 대체로 지역 교회의 개척과 성장을 통해 완수된다는 점을 보여주고자 한다. 교회들은 더 많은 교회들을 개척함으로써 지상명령을 완수한다. 지상명령은 개별적인 그리스도인인 당신을 필요로 한다. 하지만 지상명령은 또한 **지역 교회를 통해** 사역하는 당신도 필요로 한다. 우리에게 가서, 제자로 삼고, 세례(또는 침례)를 주며, 가르치라고 명하셨을 때 하나님이 뜻하신 것은 바로 이런 것이다.

아브라함과 우리에게 주신 하나님의 약속

예수님이 이 명령을 주시기 수백 년 전에 하나님이 메시아와 관련하여 이사야에게 약속하신 말씀을 당신은 기억하는가? 하나님은 이렇게 말씀하셨다.

> "네가 나의 종이 되어 야곱의 지파들을 일으키며 이스라엘 중에 보전된 자를 돌아오게 할 것은 매우 쉬운 일이라. 내가 또 너를 이방의 빛으로 삼아 나의 구원을 베풀어서 땅 끝까지 이르게 하리라"(사 49:6).

마태복음의 첫 구절은 아브라함을 언급함으로써 이사야에게 주신 이 약속을 상기시킨다. 마태복음 1장 1절은 예수님을 "아브라함의 자손"이라 부르는데, 이는 아브라함에게 주신 하나님의 약속을 상기시킨다. "내가 너로 큰 민족을 이루고…땅의 모든 족속이 너로 말미암아 복을 얻을 것이라"(창 12:2-3).

달리 말해서, 성경의 증언은 일관된다. 하나님은 자신의 구원을 땅 끝까지(모든 나라와 모든 민족들에게) 전할 계획을 늘 갖고 계셨다.

그리고 마태복음의 마지막 구절들에서, 하나님이 아브라함에게 주신 국제적 축복의 약속이 그 정점에 도달하고 있다. 아브라함에게 주신 하나님의 약속이 실현되는 방식도 여기서 드러난다. **모든** 제자들은 복음의 메시지를 **모든** 민족에게 전할 책임이 있을 것이고, 예수 그리스도의 **모든** 제자들은 예수님의 **모든** 명령에 순종하도록 부르심을 받을 것이다. 이 위대한 과업을 위해, 이제 **모든** 권세를 지니신 예수님은 재림 때까지 **모든** 날 동안 그들과 함께 계시겠다고 약속하셨다.

이것은 사도들만을 위한 약속인가? 아니다. 예수님은 자신이 재림하시기 훨씬 전에 사도들이 이 세상을 떠날 것을 알고 계셨다.

그럼에도 예수님은 세상 끝날까지 그들과 함께 계실 것을 약속하셨다. 따라서 우리는 이 약속이 우리를 위한 것이기도 함을 알 수 있다. 예수님은 이 첫 제자 그룹이 사라진 지 오랜 후에도 자신이 여전히 모든 세대 가운데 계속 역사하실 것을 알고 계셨다. 즉, 우리도 그리스도의 함께하심에 대한 약속을 받는다.

지상명령은 우리를 위한 것이다!

교회란 무엇인가

또한 지상명령은 단지 개별적인 그리스도인을 위한 것이 아니다. 이것은 교회를 위한 것이며 또한 교회의 멤버들을 위한 것이다.

교회란 무엇인가? 교회는 서로의 영적 상태를 돌볼 책임성을 부담하는accountable 그리스도인들이 정기적으로 친교를 나누는 모임이다. 또한 말씀이 올바로 설교되고 세례(또는 침례)와 성찬이 올바로 시행되는 곳이다.

첫째, 교회는 하나님의 말씀이 올바로 설교되는 곳이다.

결국 우리는 하나님의 말씀의 설교를 통해 구원받는다. 하나님은 그분의 말씀을 통해 그분의 백성을 만드신다.

"그러므로 믿음은 들음에서 나며 들음은 그리스도의 말씀으로 말미암았느니라"(롬 10:17).

온 세상이 잘못된 방향으로 걸어가는 장면을 생각해보라. 그런데 누군가가 하나님의 약속들을 전한다. 한 무리의 사람들이 그를 주목하고, 돌이키며, 그 약속들이 이끄는 방향으로 걸어가기 시작한다. 그들은 그 약속들을 듣고 믿는다. 선포된 말씀은 교회의 기초이다.

둘째, 교회는 성례들이 올바로 시행되는 곳이다. 성례는 교회를 구별하는 표지이다. 성례들이 우리를 구원하는 것은 아니다. 이것들은 복음의 표sign이며, 우리는 성례를 통해 서로가 복음에 속하였음을 확언한다. 이러한 방법을 통해 교회의 친교는 서로에게 책임성 있게 이루어지는 것이다. (교회 기초 시리즈Church Basics series로서 바비 재이미슨이 쓴 『Understanding Baptism(세례 이해하기)』과 『Understanding the Lord's Supper(성찬식 이해하기)』를 참조하라.)

사람들은 때때로 교회란 사람들이지 장소가 아니라고 말한다. 그러나 일정한 장소도 반드시 필요하다. 신자들의 모임이 이루어질 곳이 있어야 하기 때문이다. 그 모임에서는 말씀이 선포되고 성례들이 시행되어야 한다. 교회는 바로 이런 점에서 그리스도인들의 다른 모임과 구분된다. 말씀이 그리스도의 백성을 창조하며, 성례가 그들을 구별한다.

지상명령의 네 가지 명령들을 다시 한 번 생각해보라. 가서, 제자로 삼고, 세례(또는 침례)를 주며, 가르치라는 명령이 주어졌는데, 이 모든 일을 과연 누가 하는가? 가서 제자로 삼도록 그리스도인들을 보내는 주체는 누구인가? 바로 지역 교회다. 사람들에게 세례(또는 침례)를 주어 제자로 삼고, 그들을 가르쳐서 그들의 성장을 돕는 주체는 누구인가? 지역 교회이다.

지역 교회는 지상명령을 수행하도록 하나님이 우리에게 주신 일반적인 방편이다. 이것이 바로 본서의 메시지이다.

이 책은 누구를 위한 것인가

이 책은 누구에게 필요할까? 이 책은 모든 신자를 위한 것이며, 특히 젊은 신자를 위한 책이다. 이 책에서 나는 성경 말씀을 구약부터 신약까지 훑어보면서 지상명령이나 당신의 교회와 관련하여 올바른 개념을 형성하기 위한 몇 가지 기초들을 제시할 것이다. 앞부분의 장들에서는 특히 더 그렇게 할 것이다.

어떤 교훈들은 주로 교회 지도자들을 대상으로 하는 교훈으로 느껴질 수 있다. 특히 책 후반부로 갈수록 더 그럴 것이다. 물론 교회의 삶과 관련해서 계획을 주도하고 앞장서는 사람들은 지도자들이다. 하지만, 가서 제자로 삼고 세례를 주며 가르치라고 하신 예수님 말씀의 의미는 궁극적으로 모든 성도가 이해해야 한다. 예수님은 우리 모두에게 그 명령을 내리신다. 당신에게도 그 명령을 내리신 것이다. 당신은 예수님의 비전을 공유할 필요가 있다.

2장
하나님의 말씀, 하나님의 백성

자신이 하나님을 사랑한다고 하며, 심지어 그분과 돈독한
관계에 있다고 주장하는 이들이 많다. 하지만 그들 중 대부
분은 하나님의 말씀, 곧 신구약 성경 66권에는 전혀 관심
을 기울이지 않는다. 만일 내가 아내를 사랑한다고 주장하
면서 아내의 말에 전혀 관심을 보이지 않는다면, 아내가 나
를 어떻게 생각하겠는가?

어떤 사람이 하나님을 사랑한다면, 그 사랑은 그분의 말
씀에 대한 사랑을 통해 나타난다. 따라서 하나님의 말씀을

사랑하는 정도로 하나님을 사랑하는 정도를 측정할 수 있다. 사실 하나님의 백성과 세상 사람 간의 차이가 바로 여기에 있다. 성경 전반에 걸쳐, 하나님의 백성은 하나님의 말씀을 중심으로 하여 모인다. 그들은 말씀을 경청하고, 말씀에 순종하며, 말씀을 사랑한다(시편 119편을 보라).

앞장에서, 나는 특정한 측면을 확대경으로 보는 것 같은 시각으로 지역 교회에 대한 결론을 내렸다. 지역 교회는 하나님의 말씀을 올바로 선포하고 성례들을 올바로 거행하는 사람들의 모임이라고 하였다.

이제 나는 성경을 처음부터 끝까지 전반적으로 살펴보고자 한다. 성경 전체는 사람들을 자신에게로 부르기 위해 말씀을 통해 자신을 계시하시는 하나님께 초점을 맞춘다.

하나님의 말씀

하나님은 자신을 알리기를 원하시며, 사람들이 자기를 신뢰하기를 원하신다. 이것이 바로 신구약 성경의 핵심이다. 하나님은 약속하시고, 약속을 지키시며, 우리는 믿음으로 반응해야 한다.

1장에서 보았듯이, 사람들을 구원하여 하나님의 백성으로 만드는 것은 바로 복음의 말씀이다. 복음은 "모든 믿는 자에게 구원을 주시는 하나님의 능력"(롬 1:16)이다.

하나님의 말씀은 그 말씀을 믿고 삶 전체를 하나님께 맡기라고 도전한다. 성경 전반에 걸쳐 이러한 도전을 발견할 수 있다. 하나님은 아담과 노아와 아브라함과 모세에게 말씀으로 자신을 계시하셨으며, 아브라함처럼 그분의 말씀을 듣고 믿어 순종하는 사람을 칭찬하신다(로마서 4장을 보라).

혹은 잠언에 나오는 지혜를 생각해보라. 하나님의 지혜가 와서 진리를 제시하며, 말씀을 믿고 받아 실천하도록 우리를 초청한다. 우리는 지혜로운 아들처럼 반응할 것인가 아니면 어리석은 아들처럼 반응할 것인가?

하나님은 그분의 말씀과 약속들을 우리에게 주신다. 우리는 그분의 말씀과 약속들을 신뢰하는 반응을 보여야 한다. 아담과 하와는 에덴동산에서 믿고 신뢰하는 일에 실패했다. 예수님은 일생토록 심지어 겟세마네 동산에서도 완벽하게 믿고 신뢰하셨다. 우리도 하나님의 말씀을 듣고 믿음으로써 하나님과 관계를 맺을 수 있다. 이것이 우리가 지음 받은 목적이다.

이것은 그리스도인 됨에 있어 근본적인 것이다. 성경은 우리 모두가 하나님의 말씀에 불순종했고 그분의 명령을 무시했다고 가르친다. 그분은 선하신 하나님이므로 우리의 죄를 징벌하실 것이다. 우리가 그분의 징벌을 피할 수 있는 유일한 소망은 우리의 삶을 개혁하는 데 있지 않다. 왜냐하면 그렇게 한다고 해서 이미 범한 우리의 죄가 없어지는 것은 아니기 때문이다. 우리는 구주가 필요하며 대속주가 필요하다. 즉, 우리를 대신하여 하나님의 징벌을 담당할 분이 필요하다. 주 예수님이 바로 그 일을 하셨다. 예수님은 하나님의 말씀과 명령에 완벽하게 순종하는 삶을 사셨다. 또한 예수님은, 죄로부터 돌이켜 예수님과 그분의 말씀을 신뢰할 모든 사람들을 위하여 징벌을 받기 위해 십자가에서 죽으셨다.

하나님의 백성

하나님은 누구를 구원해서 자신에게로 부르고자 하시는가? 서로 분리된 개인들을 구원하려고 하시는가? 그렇지 않다. 하나님은 한 백성을 구원하려는 뜻을 가지고 계신다.

성경의 서두에서, 하나님은 아담 개인을 자신의 형상대로 만드셨다. 그러나 성경의 첫 장들에서부터 하나님은 하나의 백성을 창조하시는 패턴을 보여주신다. 따라서 아담만 만드시지 않고 아담과 하와를 만드신다. 그들 부부가 이룬 가정과 그들이 함께하는 모습에서 하나님의 형상이 드러난다.

이러한 패턴은 계속된다. 노아와 그의 가족이 구원받았다. 아브람과 그의 가족이 부름받았다. 구약성경 전반에 걸쳐 이스라엘 민족이 구별되었다. 하나님은 일대일로만 일하지 않고 이스라엘 백성 전체에게 일하셨다.

여기서 집단적인 패턴은 중요한 의미를 갖는다. 하나님의 어떤 성품은 함께하는 사람들의 상호교류를 통해서만 알려지며 드러날 수 있다. 갈라디아서 5장에 나오는 성령

의 열매(사랑, 희락, 화평, 오래 참음, 자비, 양선, 충성, 온유, 절제)를 생각
해보라. 만일 당신이 무인도에 혼자 산다면 그 열매들 중
몇 개나 실천할 수 있겠는가? 몇 개 되지 않을 것이다. 그
런 특성들은 사람들 간의 교류를 통해서 드러난다.

하나님의 백성과 세상 사람 간의 가장 중요한 차이는, 하
나님의 백성은 하나님의 음성을 듣고 그분의 말씀을 중심
으로 모인다는 것이다. 노아는 방주를 지으라는 하나님의
명령을 들었다. 아브라함은 하나님의 말씀을 듣고 하나님
의 지시대로 새로운 땅으로 떠났다. 이스라엘 백성은 하나
님의 십계명에 순종함으로써 주변의 열방들과 구별되어야
했다.

신약성경에서도 마찬가지이다. 복음서와 서신서에 대해
서는 다음 장들에서 살펴볼 것이다. 여기서는 성경의 마지
막 책인 요한계시록으로 건너뛰자. 거기서 우리는 마태복
음 28장이 위대한 천상의 교회에서 실현되는 것을 본다.
만일 당신이 그리스도인이라면, 당신도 언젠가 사도 요한
이 잠깐 들여다본 이 천상의 집회에 참석하게 될 것이다.

"이 일 후에 내가 보니 각 나라와 족속과 백성과 방언에서 아무도 능히 셀 수 없는 큰 무리가 나와 흰 옷을 입고 손에 종려 가지를 들고 보좌 앞과 어린 양 앞에 서서 큰 소리로 외쳐 이르되 구원하심이 보좌에 앉으신 우리 하나님과 어린 양에게 있도다 하니"(계 7:9-10).

여기서 우리는 각 나라와 족속에서 나온 수많은 사람들이 하나님의 신실하심을 영원히 증언하는 것을 본다. 그들은 하나님의 말씀을 믿은 자들이다. 어떤 이들은 하나님의 말씀 때문에 핍박을 받았다(계 6:9; 20:4). 그리고 예수님은 하나님의 말씀이라 불린다(계 19:13). 우리는 이 집회를 향해 나아가고 있다. 지상명령은 그대로 이루어질 것이다. 이 사실을 미리 안다는 것은 얼마나 근사한 일인가!

하나님은 자기를 알며 자기를 하나님으로 찬양하는 공동체를 마련하실 것이다. 이것이 성경의 큰 그림이다. 이 그림은 말씀을 통해 자신을 계시하시는 하나님으로부터 시작해서, 하나님을 알고 신뢰하며 찬양하는 백성으로 마감된다.

다시 교회로 다시 지상명령으로

광각렌즈 카메라로 성경 전체를 비추어보다가 지역 교회에 초점을 맞추어 확대하는 걸 상상해보라. 무엇이 보일까? 이 물음에 대한 답을 다음 장들에서 살펴볼 것이다. 다만 여기서는 교회란 무엇인지에 대해 앞에서 언급한 내용을 기억하라. 교회는 하나님의 말씀에 기초한 동일한 믿음을 공유하는 사람들의 모임이다. 그것은 계시록에 나오는 큰 집회의 예시이자 전조다. 한 지역 교회가 하늘의 집회처럼 모든 나라와 모든 민족과 모든 족속과 모든 언어를 포괄하지는 않는다. 그러나 그 일은 이미 시작되었다. 우리는 첫 열매를 본다. 겨울이 이미 지나갔고, 나무에는 봄철의 새싹이 돋아나기 시작했다. 잠시만 기다리면 곧 볼 것이다.

지상명령은 하나님의 말씀을 만민에게 전하여 하나님의 백성을 모을 것을 우리에게 명한다. 만민을 **제자로 삼아** 그들도 믿고 공동체 안으로 들어오게 하는 것이 우리의 부르심이다.

3장
하늘의 사랑, 하늘의 진리, 하늘의 백성

나는 20여 년 동안 워싱턴 D.C.에서 목회해 왔다. 그 기간
동안 얼마나 많은 선거들이 치러졌던가? 내가 이곳의 교회
에 부임한 이후로, 몇몇 장군들과 언론인들과 상원의원들과
의회 직원들이 우리 교회에 나오기도 하고 떠나기도 했다.

젊은이들이 위대한 변화에 대한 비전을 제시하는 것은
드문 일이 아니다. 정치에 종사하는 그리스도인들은 건전
한 변화를 위해 싸워야 한다. 그것은 우리 이웃을 사랑하
는 한 방법이다. 그러나 사람들이 정부의 집행수단인 칼의

힘을 이용하여 이 땅에 하늘나라를 이루려고 할 때 문제가 생긴다. 냉소주의가 보다 연로한 세대에게 더 자주 나타나는 특징이라면, 유토피아주의는 보다 젊은 세대에게 더 흔한 유혹이다. 유토피아주의가 역사상 가장 잔혹했던 일부 사건들의 근원이었다는 역사적 사실을 제쳐두더라도, 그것은 역사를 위한 하나님의 계획을 근본적으로 오해한 것이다. 대통령들이나 수상들 덕분에 그리스도의 나라가 이 땅에 임하고 그분의 뜻이 궁극적으로 이 땅에서 이루어질 것을 기대하도록 가르치는 내용은 신약성경 어디에도 없다.

그러나 우리가 하늘나라의 첫 열매를 기대해야 하는 유일한 곳이 있다. 2장의 결론을 기억하는가? 거기서 필자는 지역 교회가 계시록에 나오는 큰 집회의 전조라고 언급했다. 우리는 지역 교회 안에서 천국의 봄꽃이 피어나는 것을 어렴풋이 볼 수 있다.

앞장에서 우리는 구약성경에서부터, 모든 민족과 족속과 언어에 속한 사람들의 최종적이며 영광스러운 집회를 알려주는 계시록으로 곧바로 건너뛰었다. 복음서들과 사도행전 그리고 서신서들에 대한 언급을 생략한 것이다. 이제 그것들을 살펴볼 필요가 있다.

먼저 예수님의 말씀부터 생각해보자. 예수님은 교회를 어떻게 보실까? 예수님이 교회를 부르신 것은, 어떤 일을 하게 하며 어떤 존재가 되게 하시려는 것일까? 예수님은 교회를 전적으로 사랑하신다. 또한 예수님이 이 땅에서 하늘나라를 대표하시듯이, 교회도 그렇게 하도록 부르신다.

예수님의 교회 사랑

예수님은 교회를 끝까지 사랑하셨다. 요한은 예수님이 제자들의 발을 씻기시기 직전의 일들을 기록하면서 그렇게 진술한다. 예수님이 제자들의 발을 씻기신 것은 자신의 죽음을 통해 이제 막 이루고자 하시는 영구적인 씻음을 상징하는 행동이었다.

> "세상에 있는 자기 사람들을 사랑하시되 끝까지 사랑하시니라"(요 13:1).

예수님은 자신의 피로 교회를 사셨다(행 20:28).

예수님은 교회를 설립하셨다(마 16:18).

예수님은 때로는 격려로 때로는 경고로 교회를 향한 자신의 사랑에 대해 말씀하고 보이고 가르치셨다(계 2-3장).

교회를 위한 예수님의 사랑은 아내를 위한 남편의 사랑의 본보기가 된다. 바울은 다음과 같이 말한다.

"남편들아 아내 사랑하기를 그리스도께서 교회를 사랑하시고 그 교회를 위하여 자신을 주심 같이 하라 이는 곧 물로 썻어 말씀으로 깨끗하게 하사 거룩하게 하시고 자기 앞에 영광스러운 교회로 세우사 티나 주름 잡힌 것이나 이런 것들이 없이 거룩하고 흠이 없게 하려 하심이라 이와 같이 남편들도 자기 아내 사랑하기를 자기 자신과 같이 할지니 자기 아내를 사랑하는 자는 자기를 사랑하는 것이라 누구든지 언제나 자기 육체를 미워하지 않고 오직 양육하여 보호하기를 그리스도께서 교회에게 함과 같이 하나니 우리는 그 몸의 지체임이라 그러므로 사람이 부모를 떠나 그의 아내와 합하여 그 둘이 한 육체가 될지니 이 비밀이 크도다 나는 그리스도와 교회에 대하여 말하노라 그러나 너희도 각각 자기의 아내 사랑하기를 자신 같이 하고 아내도 자기 남편을 존경하라"(엡 5:25-33).

그리스도께서는 교회를 위해 자신을 내어주셨다. 그분은 교회의 거룩함을 추구하신다. 그분은 교회를 말씀으로 씻어주신다. 그분은 교회를 돌보시고 필요한 것들을 공급하신다. 그분은 교회를 그분 자신의 몸처럼 사랑하신다.

하늘의 사랑을 나타냄

예수님은 교회를 자신과 동일시할 정도로 많이 사랑하신다. 다른 무엇보다도, 이것은 신자들 상호 간의 사랑이 그분의 사랑을 닮아야 함을 뜻한다. 예수님은 이렇게 말씀하셨다.

"새 계명을 너희에게 주노니 서로 사랑하라 내가 너희를 사랑한 것 같이 너희도 서로 사랑하라 너희가 서로 사랑하면 이로써 모든 사람이 너희가 내 제자인 줄 알리라"(요 13:34-35).

교회는 하늘의 사랑을 나타내야 한다. 서로 간의 사랑은 그리스도의 제자들을 구별시켜주는 것이다. 그 사랑을 통해 만민은 우리가 그리스도께 속함을 알 것이다.

하지만 우리가 사랑해야 하는 대상은 다른 그리스도인들만이 아니다. 우리는 외부인들에 대한 사랑을 통해서도 세상을 위한 하나님의 사랑을 나타낸다. 한 서기관이 "모든 계명 중에 첫째가 무엇이니이까"라고 묻자, 예수님은 "네 마음을 다하고 목숨을 다하고 뜻을 다하고 힘을 다하여 주 너의 하나님을 사랑하라…네 이웃을 네 자신과 같이 사랑하라"고 대답하셨다(막 12:28-31). 하나님을 사랑하라는 요구는 반드시 수평적인 요소를 동반한다. 당신이 놀랍고 풍성한 경건의 시간을 갖더라도, 그 시간이 다른 사람들을 대하는 당신의 태도에 영향을 미치지 못한다면 무언가가 잘못된 것이다. 하나님을 찬양하는 것은 참으로 귀한 일이다. 그렇지만 하나님을 향한 사랑을 표현하는 자연스럽고 일반적인 방식에는 찬양만 있는 것이 아니다. 사랑 안에서 우리 자신을 다른 이들에게 내어주는 것도 하나님을 향한 우리의 사랑을 나타낸다.

교회는 그러한 사랑의 활동이 활발하게 이루어지는 곳이어야 한다. 교회는 하늘의 사랑을 보여주는 곳이다. 첫째로 복음 안에서 우리를 위한 그리스도의 사랑을 선포하고, 둘째로 교회의 내부인과 외부인 모두를 사랑함으로써, 교회는 하늘의 사랑을 드러낸다.

하늘의 진리와 하늘의 백성을 공인함

예수님은 자기 백성을 자신과 동일시하시며, 그들 상호 간의 사랑이 그들을 위한 그분의 사랑을 나타내기를 원하신다. 이를 위해, 주님은 그들이 자기 이름으로 구별되길 원하신다. 예수님은 백성들이 자신에게 속한다는 사실이 대외적으로 인식되길 원하신다.

지상명령에서 예수님이 모든 제자들더러 아버지와 아들과 성령의 이름으로 세례(또는 침례)를 받도록 명하신 것도 바로 이 때문이다. 그리고 사도행전에서 예수님의 이름으로 세례(또는 침례) 받는 것에 대해 거듭 언급하는 이유도 바로 이것이다. 이는 마치 그리스도께서 우리로 하여금 그분의 이름이 적힌 이름표를 달고 다니게 하시는 것과 같다! 예수님은 민족들이 예수님의 제자들을 예수님과 동일시하길 원하신다.

이 예수님이 하늘과 땅의 모든 권세를 지니셨다는 것을 기억하라. 제자들은 이 말씀을 직접 들었을 때 무슨 생각이 들었을까! '우리가 하나님 자신의 권세를 지니신 분의 이름으로 불려야 한다고?'

여기서 세례 명령만을 따로 떼어서 읽는 흔한 오류를 범하지 않도록 주의해야 한다. 우리는 그 명령을 마태복음 16장 및 18장과 함께 읽어야 한다. 거기서 예수님은 먼저 사도들에게 그리고 그 다음에는 지역 교회에게 책임과 권한을 이미 부여하셨다. 누가 세례를 주며 사람들을 그리스도와 결부시키는 권위를 가졌는가? 보통의 상황에서 교회가 그런 권위를 갖는다.

마태복음 16장 16절에서, 베드로는 예수님이 그리스도시요 살아 계신 하나님의 아들이심을 고백한다. 이에 예수님은 다음과 같이 대답하신다.

"예수께서 대답하여 이르시되 바요나 시몬아 네가 복이 있도 다 이를 네게 알게 한 이는 혈육이 아니요 하늘에 계신 내 아 버지시니라 또 내가 네게 이르노니 너는 베드로라 내가 이 반 석 위에 내 교회를 세우리니 음부의 권세가 이기지 못하리라 내가 천국 열쇠를 네게 주리니 네가 땅에서 무엇이든지 매면 하늘에서도 매일 것이요 네가 땅에서 무엇이든지 풀면 하늘 에서도 풀리리라"(17-19절).

하늘에 계신 아버지를 대신하여, 예수님은 베드로와 그 의 대답을 공인하신다. 그런 다음에 하늘을 대신하여 이와 같이 공인하는 천국 열쇠를 베드로에게 주신다. 예수님이 베드로의 고백을 공인하셨듯이, 베드로와 사도들은 복음의 고백과 고백자들을 공인하는 하늘의 권세를 지니게 될 것 이었다.

더욱 주목할 만한 사실은, 마태복음 18장에서 예수님이 이 권세를 지역 교회에게 주신다는 것이다. 만일 그리스도 인이라고 자처하는 사람이 같은 죄를 여러 번 반복하고도 회개하지 않는다면 교회는 그 사람을 판단해야 한다. 더 나아가 계속 회개하지 않을 경우에는 그를 외부인으로 여겨야 한다.

"만일 그들의 말도 듣지 않거든 교회에 말하고 교회의 말도 듣지 않거든 이방인과 세리와 같이 여기라 진실로 너희에게 이르노니 무엇이든지 너희가 땅에서 매면 하늘에서도 매일 것이요 무엇이든지 땅에서 풀면 하늘에서도 풀리리라"(마 18:17-18).

교회는 매고 푸는 열쇠를 지녔다. 그렇기에 이 사람을 불신자처럼 여길 권위를 갖고 있다. 이 열쇠가 참된 복음 고백과 고백자를 파악하는 데 사용될 수 있듯이, 거짓 복음 고백과 고백자를 파악하는 데에도 사용될 수 있다.

보통은 지역 교회가 세례(또는 침례)를 줄 권위를 가지고 있다. 내가 그렇게 주장하는 이유를 알고 있는가? 마태복음 16장과 18장에서 지역 교회가 그리스도의 열쇠를 지녔다고 말하기 때문이다. 예수님이 베드로를 인정하셨듯이, 교회는 올바른 신앙고백과 고백자들을 공적으로 인정하는 권위를 지니고 있다. 또한 예수님이 교회더러 권징을 행하도록 지시하신 규례에 따라 지역 교회는 거짓 신앙고백과 고백자들을 거부할 권위를 지니고 있다. 예수님은 제자들의 물음에 답하시면서 이렇게 설명하신다. "두세 사람이 내 이름으로 모인 곳에는 나도 그들 중에 있느니라"(20절). 예수님의 이름으로 세례(또는 침례)를 줄 권위가 누구에게 있는가? 예수님의 이름으로 모이는 사람들에게 있다. 18장은 그들 가운데 예수님이 거하신다고 말한다. 또한 마태복음 28장은 예수님이 세상 끝날까지 그들과 함께 거하실 것이라고 말한다. (이 장들과 천국의 열쇠에 대한 더 상세한 내용을 보려면 교회 기초 시리즈Church Basics series의 하나인, 조너선 리먼의 『Understanding the Congregation's Authority(회중의 권위 이해하기)』를 참조하라.)

요컨대 교회는 하늘의 사랑을 드러내야 하며, 하늘의 진리와 하늘의 사람들을 공인하는 권위를 지녔다.

교회 개척에 전념하시는 하나님

그리스도는 교회를 사랑하신다. 그리스도는 승천하실 때 교회에 성령을 선물로 주셨다. 성령이 교회를 세우신다. 아버지와 아들과 성령은 교회에 전념하신다. 아버지와 아들과 성령은 교회를 개척하는 데 전념하신다.

근본적으로 교회는 인간의 구상이 아니며 인간이 창조한 것도 아니다. 근본적으로 교회는 하나님의 구상이며 하나님의 작품이다. 어떤 의미에서, 하나님은 위대한 교회 설립자이시다! 하나님은 그분의 이름으로 모이고 그분의 이름으로 세례(또는 침례)를 주며 그분의 이름으로 가르칠 것을 제자들에게 명하셨다.

따라서 당신이 한 교회에 참여하여 섬길 때 그것이 과연 궁극적으로 효과가 있을지 의심하지 않아도 된다. 그리스도께서는 음부의 권세가 교회를 이기지 못할 것이라고 친히 약속하셨다. 또한, 그분은 다시 왔을 때 자신을 증거하는 증인을 가지실 것이라고 약속하셨다.

4장
복음을 선포하고 교회를 모으라

예수님은 교회에게 차량등록사무소(차량 등록과 운전면허를 담당하는 미국의 행정부서—편집주) 같은 역할을 맡기신 것일까? 아니면 그리스도인의 삶을 위해 교회를 세우신 것일까?

당신은 차량등록사무소에서 운전면허증을 받음과 동시에 운전할 수 있다. 차량등록사무소는 당신에게 책임을 부여했고, 당신은 이제 스스로 책임을 진다. 운전면허를 가진 사람들을 위한 매주의 정기 모임 같은 것은 없다. 다른 운전면허 취득자들의 이름을 알거나 서로 돌볼 필요도 없다.

자동차 안전에 대한 이해도를 높이는 역할을 하는 운전면허 목사나 목자도 없다.

이상하게도, 어떤 그리스도인들은 예수님의 지상명령을 이런 식으로 이해한다. "가서 제자로 삼고 세례(또는 침례)를 주며 가르치라"는 명령을 "회심자를 만들고 그들에게 세례 증서를 준 후 그들을 내보내라!"라는 뜻으로 이해한다. 사람들이 몇 년마다 운전면허증을 갱신하듯 아마 이따금은 교회를 방문해야 할 것이다. 그리고 그들은 성경을 읽고 배우는 일을 계속해야만 한다. 하지만 이 모든 것이 그들 자신에게 달려 있다.

교회와 지상명령을 이런 식으로(차량등록사무소식으로) 이해하는 것에 대해서는 지적할 사항이 많다. 첫째, 그것은 예수님의 승천 후에 사도들이 실제로 행했던 일들을 간과한다. 둘째, 가르치라는 지상명령의 지시를 간과한다. 셋째, 순종하라는 지상명령의 지시를 간과한다. 본장과 다음 두 장에서는 이것에 대해 다룰 것이다.

복음이 선포되는 곳에 교회들이 생긴다

사도들은 개인적인 복음전도와 제자화를 통해서만 지상명령을 수행했을까? "제자로 삼으라"는 명령은 분명 메시지를 전하는 일을 포함한다. 하지만 사도들이 그 일을 어떻게 실행했는가?

사도행전에서 복음이 퍼져나가는 이야기를 생각해보라. 복음이 퍼져나가는 이야기는 곧 교회가 퍼져나가는 이야기다. 사도행전에서 시작된 이야기는 바깥으로 뻗어 나간다. 복음이 도달하는 곳에 교회들이 생긴다.

- 2장에서, 베드로는 회개와 죄 사함의 메시지를 전한다. 그러자 "그 말을 받은 사람들은 세례(또는 침례)를 받으매 이 날에 신도의 수가 삼천이나 더했다"(41절). 새 제자들이 무엇에 더해졌는지 주목하라. 무엇에 더해졌는가? 예루살렘 교회에 더해졌다(5:11; 8:1 참조).

- 11장에서, 예루살렘에 핍박이 있었고 그로 인해 흩어진 자들이 안디옥으로 가서 "주 예수를 전파"했다(20절).

그러자 "수많은 사람들이 믿고 주께" 돌아왔다(21절). 그때 예루살렘 교회는 바나바를 안디옥으로 보내어 교회 개척 프로젝트를 돕게 했다. 그러자 "큰 무리가 주께" 더해졌다(24절). 또한 바나바는 바울을 합류시켰고, "일 년간 모여 있어 큰 무리를" 가르쳤다(26절).

- 14장에서, 바울과 바나바는 이고니온을 방문하여 "유대인의 회당에 들어가 말하니 유대와 헬라의 허다한 무리가" 믿었다(1절). 그 다음에는 루스드라로 가서 계속 복음을 전했다(7절). "그들이 교회를 시작했다"고 적은 본문은 어디에도 없다. 하지만 정확히 말해서 교회들이 세워졌다. 나중에 바울과 바나바는 "루스드라와 이고니온과 안디옥으로" 돌아가서(21절) "각 교회에서 장로들을" 세웠다(23절). 신자들은 교회에서 함께 모였다.

- 18장에서, 많은 사람들이 듣고 믿고 세례(또는 침례)를 받았을 때, 교회가 개척되었다(8절).

- 19장에서, 바울이 에베소에서 설교하자 많은 사람들이 회심했다. 이 본문에서도 "그들이 교회를 개척했

다"고 명시하진 않지만, 20장에 이르면 우리는 실제로 그 일이 이루어졌음을 안다. 바울은 "사람을 에베소로 보내어 교회 장로들을" 청했다 (17절).

- 사도행전은 로마에서 행한 바울의 설교로 마감된다. 그리고 로마서가 입증하듯이 로마에는 분명히 교회가(또는 교회들이) 있었다 (롬 1:7; 16:5 참조).

사도들이 한 일은 무엇인가? 그들은 설교하고 교회들을 세웠다. 교회는 하나님의 지상명령 계획의 핵심이다.

두드러지는 위치

당신은 사도행전을 이런 식으로 읽어본 적이 없을 수도 있다. 개인의 영웅적인 행동과 믿음만을 보았을 수도 있다. 그러나 사도행전을 다시 읽으면서 지역 교회가 얼마나 두드러지는지 주목하라.

사도들과 다른 대표들을 누가 파송하는가? 지역 교회가 파송한다.

- "예루살렘 교회가 이 사람들의 소문을 듣고 바나바를 안디옥까지 **보내니**"(11:22).
- "그들이 **교회의 전송을 받고**…"(15:3).

이 대표들이 누구에게로 돌아가서 보고하는가? 지역 교회에게다.

- "그들이 이르러 **교회를 모아** 하나님이 함께 행하신 모든 일과 이방인들에게 믿음의 문을 여신 것을 보고하고"(14:27; 16:4-5).
- "예루살렘에 이르러 **교회와 사도와 장로들에게 영접을 받고** 하나님이 자기들과 함께 계셔 행하신 모든 일을 말하매"(15:4).

누가 결정을 내리는가? 지역 교회가 내린다.

- "온 무리가 이 말을 기뻐하여…를 **택하여**"(6:5).
- "이에 사도와 장로와 **온 교회가 그 중에서 사람들을**

택하여 바울과 바나바와 함께 안디옥으로 보내기를 결정하니"(15:22).

하나님은 지역 교회를 위해 장로들을 세우신다.

- "**각 교회에서 장로들을 택하여** 금식 기도하며 그들이 믿는 주께 그들을 위탁하고"(14:23).
- "여러분은 자기를 위하여 또는 온 양 떼를 위하여 삼가라 성령이 그들 가운데 **여러분을 감독자로 삼고** 하나님이 자기 피로 사신 교회를 보살피게 하셨느니라"(20:28).

사도행전 전체는 개인적인 복음전도와 제자화만이 아니라 지역 교회를 배경으로 하는 복음전도와 제자화를 보여준다. 복음이 퍼져나가는 이야기는 곧 지역 교회들의 이야기이다.

사도행전 외 다른 부분

물론 교회가 사도행전에서만 두드러진 위치를 차지하는 것
은 아니다. 신약성경 전반에 걸쳐 그러하다. 신약 서신서들
대다수는 교회들에게 쓰여졌다. "고린도에 있는 하나님의
교회"(고전 1:2), "갈라디아 여러 교회들에게"(갈 1:2), "그리스
도 예수 안에서 빌립보에 사는 모든 성도와 또한 감독들과
집사들에게"(빌 1:1), "데살로니가인의 교회에"(살전 1:1) 등의
표현이 이를 입증한다.

교회들은 서로 문안하며 감사한다. "나뿐 아니라 이방인
의 모든 교회도 그들에게 감사하느니라"(롬 16:4), "그리스도
의 모든 교회가 다 너희에게 문안하느니라"(롬 16:16), "아시
아의 교회들이 너희에게 문안하고"(고전 16:19).

사도들은 그리스도인들이 가르침과 성찬식과 상호 격려
를 위해 교회로서 함께 모일 것을 명한다. 또한 그렇게 모이
는 것을 당연하게 여긴다.

- "내가 각처 각 교회에서 가르치는 것을…"(고전 4:17; 7:17)

- "먼저 너희가 교회에 모일 때에 너희 중에 분쟁이 있다 함을 듣고…그런즉 내 형제들아 먹으러 모일 때에 서로 기다리라"(고전 11:18, 33).
- "이 편지를 너희에게서 읽은 후에 라오디게아인의 교회에서도 읽게 하고 또 라오디게아로부터 오는 편지를 너희도 읽으라"(골 4:16).
- "서로 돌아보아 사랑과 선행을 격려하며 모이기를 폐하는 어떤 사람들의 습관과 같이 하지 말고 오직 권하여 그 날이 가까움을 볼수록 더욱 그리하자"(히 10:24-25).

교회들은 서로에게 관심을 갖는다.

- "이뿐 아니라 그는…여러 교회의 택함을 받아 우리가 맡은 은혜의 일로 우리와 동행하는 자라"(고후 8:19).
- "성도를 위하는 연보에 관하여는 내가 갈라디아 교회들에게 명한 것 같이 너희도 그렇게 하라 매주 첫날에 너희 각 사람이 수입에 따라 모아 두어서…내가 이를 때에 너희가 인정한 사람에게 편지를 주어 너희의 은

혜를 예루살렘으로 가지고 가게 하리니"(고전 16:1-3).

교회들은 선교사들을 보내어 다른 교회들을 개척하는 일을 수행한다.

- "우리 형제들로 말하면 여러 교회의 사자들이요"(고후 8:23).
- "내가 마게도냐를 떠날 때에 주고 받는 내 일에 참여한 교회가 너희 외에 아무도 없었느니라"(빌 4:15).
- "그들이 교회 앞에서 너의 사랑을 증언하였느니라 네가 하나님께 합당하게 그들을 전송하면 좋으리로다 이는 그들이 주의 이름을 위하여 나가서 이방인에게 아무 것도 받지 아니함이라 그러므로 우리가 이같은 자들을 영접하는 것이 마땅하니 이는 우리로 진리를 위하여 함께 일하는 자가 되게 하려 함이라"(요삼 6-8절).

바울은 그리스도인들을 위한 자신의 관심을 "모든 교회를 위하여 염려하는 것"이라고 말한다(고후 11:28). 신약 주해가인 피터 오브리언[Peter O'Brien]은 "다른 사람의 기초 위에다 건축하지 않기 위해, 그리스도를 주님으로 받아들이지 않는 곳에 복음을 전하려 했던 바울의 야망은…미전도지역의 복음전도가 그의 선교 임무의 핵심이었음을 보여주는 증거이다"라고 설명한다. 하지만 그것이 바울의 유일한 임무는 아니었다. 오브리언은 계속해서 말한다. "그리스도인들을 가르쳐서 성숙하고 안정된 회중으로 세우기 전까지 바울은 사역을 멈추지 않았다."[1]

선교 임무 : 선포 그리고 모음

여러 가지 예를 더 들 수 있겠지만, 요점은 신약 시대에 그리스도인의 삶이란 교회와 관련된 삶이라는 것이다. 교회 안에서 그리고 교회를 통해서 우리는 그리스도의 제자가 된다.

　이는 선교 임무가 새 신자들을 지역 회중에 뿌리내리게

---

1. P. T. O'Brien, *Consumed by Passion* (Lancer, 1993), 45.

하는 데까지 미쳐야 함을 뜻한다. 오브리언은 바울이 그리스도인의 기본적 임무를 어떻게 이해했는지를 잘 요약해준다.

바울은 복음을 선포하여 사람들을 하나님께로 회심시켰을 뿐만 아니라 교회를 설립했다. 교회 설립은 그의 선교 사역의 필수 요소였다. 그리스도에게로의 회심은 그분 안에, 그리고 기독교 공동체의 멤버십 안에 합류됨을 뜻했다…바울은 새로운 교회를 양육하는 것을 "자신의 선교 임무의 핵심"으로 이해했던 것이 분명하다.[2]

오늘날의 그리스도인들과 심지어 교회 지도자들마저 지역 교회를 차량등록사무소처럼 여길 수 있다. 그들은 지상명령을 읽고서, "저 사람들에게 면허증을 줘서 보내라!"는 뜻으로 읽을 수 있다. 하지만 사도들은 자신의 사역을 그런 관점으로 보지 않았다. 그들은 복음을 전하고 또한 교회들을 개척했다. 초대교회들도 그렇게 했다.

---

2. 같은 책, 42.

5장
바로잡음과 감독을 동반하는 가르침

지역 교회는 세례(또는 침례)를 통해 면허증을 발급하는 차량 등록사무소가 아니다. 우리는 지상명령을 "차량등록사무소" 버전으로 이해하길 거부하듯, "안내 창구" 버전으로 이해하는 것도 거부한다. 지역 교회는 안내 창구가 아니다!

이 말이 어리석게 들릴 수도 있다. 교회가 안내 창구라고 말하는 사람은 없다. 하지만 실제로 많은 그리스도인들이 교회를 설교 방송국처럼 생각한다. 그들은 주일에 교회에 가서 정보를 다운로드 받으며, 그런 다음에는 그 주간을 보내면서 그 정보는 잘 간직하지만 교회의 다른 멤버들이나 목사들과는 거의 교류하지 않는다. 안내 창구가 바로 그런 곳이다. 당신은 안내 창구로 가서 질문을 하고 정보를 얻고 그곳을 바로 떠난다. 당신은 그 창구에 있는 사람과 아무런 친분관계도 맺지 않는다. 그저 그들은 맡은 임무를 수행하고, 당신은 당신의 일을 하면 된다.

분명, 지상명령은 교회더러 가르칠 것을 명한다. 가서 제자로 삼고…**가르치라**는 것이다. 그리고 나는 지금 가르치는 것에 대해 말하고자 한다. 하지만 지상명령이 **세례(또는 침례) 주는 것**과 **가르치는 것**을 짝지우고 있다. 이 사실에 주목하라. "가서…제자로 삼아…세례(또는 침례)를 베풀고…가르쳐"라고 기록된 본문은 책임성, 감독, 그리고 올바른 성례 집행의 문맥 속에서 가르침을 언급한다.

우리는 이 점을 마태복음에서 보고 신약성경의 나머지 부분에서도 본다.

마태복음으로 잠깐 돌아가서

앞에서 논의한 마태복음 내용을 다시 생각해보라. 28장에서 예수님은 제자들더러 아버지와 아들과 성령의 이름으로 새 제자들에게 세례(또는 침례)를 줄 것을 명하신다. 이 새 제자들은, 예수님을 우리의 죄 사함을 위해 죽으시고 부활하신 메시아로 믿는 신앙을 고백하는 사람들이다.

그러나 어떤 사람이 말만 하고 행동으로 옮기지 않는다면 어떻게 해야 할까? 그리스도를 믿는다고 말로는 고백하지만 자신의 죄를 회개하지 않는다면 어떻게 해야 할까? 예수님은 마태복음 18장에서 이 물음에 대한 답을 알려주셨다. 예수님의 이름으로 모이는 두세 사람 이상으로 구성된 교회는 자신에게 주어진 열쇠를 사용하여 그 사람을 교회의 멤버십에서 배제시켜야 한다.

다시 마태복음 28장으로 가보자. 예수님이 제자들더러 가르치라고 명하실 때, 안내 창구 같은 것을 염두에 두시는가? 아니면 신학교 강의 같은 것을 염두에 두시는가? 아니다! 이 제자들은 세례(또는 침례)를 주고 가르쳐야 한다. 교회는 그들에게 예수님 이름표를 주고, 마태복음 18장에 나오는 비극적인 권징 상황으로 끝나지 않도록 각 개인을 계속 살핀다.

여기서 기본적인 개념은, 새 신자들이 대체로 세례(또는 침례)를 받고 교회의 등록 교인이 되어 교회의 가르침을 받는다는 것이다. 물론 예외는 있다. 사도행전 8장에 나오는 빌립과 에디오피아 내시의 예를 생각해볼 수 있다. 하지만 사도행전 2장의 상황이 보다 전형적이다. 베드로가 복음을 설교하자 청중은 마음이 찔렸고 구원을 받으려면 어떻게 해야 하는지 물었다(37절). 그러자 베드로는 회개하고 세례를 받으라고 말한다(38절). 그리고 사도행전을 기록한 누가의 관찰에 따르면, "그 말을 받은 사람들은 세례를 받으매 이 날에 신도의 수가 삼천이나 더하"였다고 한다(41절). 사람들은 세례(또는 침례)를 받고서 예루살렘 교회의 멤버가 되었으며, 그 교회에서 가르침을 받았다. "그들이 사도의 가르침을 받아…"(42절).

목자 : 가르침 + 감독

신약성경의 나머지 부분에서 가르침에 대해 어떻게 말하고 있는지 전반적으로 살펴보면, 가르치라는 명령이 교회 개척을 염두에 두고 있음이 더욱 분명해진다. 가르치는 일을 맡을 목자들이 교회에 세워진다는 사실이 그것을 뒷받침한다. 그들은 강연자가 아니다. 팟캐스트 설교자도 아니고 안내 창구 담당자도 아니다. 그들은 가르침과 감독을 겸하는 목자이다.

목자는 양 떼를 보살핀다(행 20:28-31; 벧전 5:1-5; 딤후 4:2). 목자는 양들을 인도한다(살전 5:12). 목자는 양들을 먹이며 그들에게 필요한 것을 제공한다(요 21:15-17; 엡 4:11-16). 목자는 복음을 지킨다(고전 15:1-3; 딤전 1:18-19).

바울이 에베소 장로들에게 지시한 내용이 이 점을 잘 알려준다. 바울은 "내가 꺼리지 않고 하나님의 뜻을 다 여러분에게 전하였음이라"라고 말한다. 그리고 다음과 같이 당부한다.

"여러분은 자기를 위하여 또는 온 양 떼를 위하여 삼가라. 성령이 그들 가운데 여러분을 감독자로 삼고 하나님이 자기 피로 사신 교회를 보살피게 하셨느니라"(행 20:28).

장로는 반드시 성경을 바르게 가르쳐야 한다. 그것이 가장 중요하다. 그래서 바울은 하나님의 모든 뜻을 설교한다. 하지만 강연자나 팟캐스트 설교자 또는 안내 창구 담당자도 하나님의 모든 뜻을 전할 수 있다. 여기서 바울은 더 개인적이고, 더 관계적이며, 책임성accountability을 수반하는 역할을 염두에 두고 있다. 이 장로들은 성경을 가르치되, 그 가르침을 통해 성령께서 자신에게 맡기신 양 떼를 지키며 목양해야 한다.

하나님은 우리 혼자서 그리스도인의 삶을 살도록 계획하지 않으셨다. 우리에게 목자들을 주신 것도 바로 그 때문이다. 목자는 "교사"teacher 그 이상이다. 그는 감독자overseer이기도 하다. 이 점이 중요하다! 회심한 양들은 혼자 지내서는 안 된다. 우리는 타락하고 험한 세상에서 살고 있다(행 20:29-30 참조). 양들은 그들을 지켜줄 목자들이 있는 양

떼 속으로 들어가야 한다. 마치 이리들이 없는 것처럼 혼자 있는 양은 교만하고 어리석다.

멤버 : 서로에게 진리를 말함

양들도 서로를 돌보며 가르쳐야 하는 의무를 진다. 이것은 지역 교회의 책임성accountability 개념을 강화한다. 즉, 서로를 향한 가르침은 주로 지역 교회와 그 책임성이라는 배경 아래서 행해져야 한다는 것이다. 전 회중이 서로를 보호하며 깨끗하게 하는 데 관여해야 한다. 예수님은 교회 멤버들 중의 한 명이 다른 한 명에게 죄를 지을 경우에 그들 둘이서 곧바로 해결할 것을 지시하신다(마 18:15). 바울은 "그리스도의 말씀이 너희 속에 풍성히 거하여 모든 지혜로 피차 가르치며 권면"(골 3:16)하라고 당부한다. 또 다른 곳에서는, "각각 그 이웃과 더불어 참된 것을 말하라. 이는 우리가 서로 지체가 됨이라"(엡 4:25)라고 권면한다. 또한 우리는 "오직 덕을 세우는 데 소용되는 대로 선한 말을 하여 듣는 자들에게 은혜를 끼치게" 해야 한다(29절). 양들은 서로를 먹

이는 일을 돕고(고전 12, 14장), 교회에서 복음을 지키는 일을 돕는다(갈 1:6-9; 부정적인 예가 디모데후서 4장 3절에 나온다).

혼자서 완벽하게 분별할 수 있는 양은 없다. 우리는 서로를 필요로 한다. 복음을 지키기 위해서는 신실한 장로들과 신실한 회중으로 구성된 교회가 필요한 것도 바로 그 때문이다. 자신 이외의 누구에 대해서도 책임성을 부담하지 않고 각기 흩어진 그리스도인들이 어떻게 복음을 지키겠는가? 교회는 진리의 기둥이며 기초이다(딤전 3:15).

6장
멤버십과 자의식적인 헌신

만일 당신이 우리 교회에 합류하려고 한다면, 다른 목사들 중 한 명이나 내가 멤버십 인터뷰를 할 것이다. 나는 당신의 주소와 직업 그리고 배우자와 자녀의 유무를 먼저 물어볼 것이다. 그후에 곧바로 나는 당신이 어떻게 그리스도인이 되었는지를 물어볼 것이다. 그리고 마지막으로 60초 제한시간 안에 복음을 설명해보게 할 것이다.

나는 이 인터뷰에서 복음이 하나님에 관해, 인간에 관해, 그리스도에 관해, 그리고 우리의 필수적인 반응에 관해 말하는 기본적인 내용을 당신이 이해하고 있는지 점검할 것이다. 하나님은 선하시며 우리를 선하게 지으셨다. 하지만 우리는 하나님께 죄를 범했고 그분의 진노를 자초했다. 그래서 그리스도께서 오셔서, 우리가 살아야 하는 완벽한 삶을 대신 사셨고, 우리가 죽어야 하는 수치스러운 죽음을 대신 죽으셨다. 그분은 죄에 대한 하나님의 징벌을 대신 받으신 후, 다시 살아나셔서 죄와 사망을 멸하셨다. 이제 그분은 회개하고 믿는 모든 자에게 구원을 베푸신다.

이러한 기본적 내용 중에 당신이 빠뜨린 것이 있다면, 나는 분명하게 확인하기 위해 한두 가지 질문을 당신에게 던질 것이다. 때로 사람들은 예수님이 죄 사함을 위해 십자가에서 죽으셨다는 사실을 말하지만 부활은 빠뜨린다! 그럴 경우에 나는, "예수님이 계속 무덤 속에 계시나요?"라는 질문을 곧바로 던진다. 그러면 당연히, "아뇨, 그렇지 않아요!"라는 대답이 나오곤 한다.

사람들이 회개에 대한 언급을 완전히 누락하는 경우는 더 많다. 그럴 때 나는 이런 식으로 묻는다. "당신의 한 친구가 그리스도인임을 자처하면서 외도를 하고 있다고 가정합시다. 그런 상황에 대해 어떻게 생각하시나요?" 회개하지 않고 계속 죄를 짓는 사람이 스스로 그리스도인임을 자처해선 안 된다고 그들이 말하길 바라면서 그런 질문을 던진다.

예수님은 제자들의 결단만을 원하시는 것이 아니다. 제자들 자신을 원하신다. 예수님은 성경의 가르침대로 사는 사람들을 원하신다.

마태복음 28장에 나오는 예수님의 최종 명령을 다시 보자. 가서 사람들을 제자로 삼고, 세례를 주고, 내가 명한 모든 것을 가르치라는 명령이다. 그뿐인가? 그렇지 않다. 제자들에게 주신 예수님의 마지막 명령은 정확히 이렇다. "내가 너희에게 분부한 모든 것을 가르쳐 **지키게 하라**"(마 28:20).

지상명령은 예수님의 명령을 가르치는 임무와 그분의 명령을 가르쳐 지키게 하는 임무를 교회에게 부여한다. 제자나 그리스도인이 된다는 것은 바로 이런 의미이다. 제자가 아니면서 참된 그리스도인일 수 있을까? 없다.

사도들은, 일시적으로 결단하는 자들이 아닌 제자들을 만들기 위한 목적을 가지고, 제자들을 양육하는 교회를 개척함으로써 복음을 확산시켰다. 나는 여러 장에 걸쳐 이 사실을 설명하고 있다. 교회를 개척한다는 것은 무엇을 의미하는가? 그것은 결국 사람들을 제자로 만드는 것이다. 그리고 제자가 된다는 것은 성경의 가르침에 순종하기 위하여 한 조組의 자의식적 헌신(자의식적 헌신이란 자신이 누구에게 헌신해야 하며 누구를 책임져야 하는지 명확히 인식하며 헌신하는 것을 말한다—편집주)을 하는 것을 포함한다.

여기서 우리는 교회 멤버십이라는 주제로 나아가게 된다.

멤버십 삼각형

종종 나는 성경적인 교회 멤버십을 멤버십 삼각형으로 설명한다. 삼각형의 각 점에는 당신 자신(그리스도인 개인), 전체 회중, 그리고 목사들(장로들)이 위치한다. 신약성경은 이 삼각형의 어느 두 점들 간의 관계를 규정하는 명령들과 의무들로 가득하다. 교회에 소속된 멤버십 없이 이 모든 명령들을 완수한다는 것은 상상할 수도 없는 일이다.

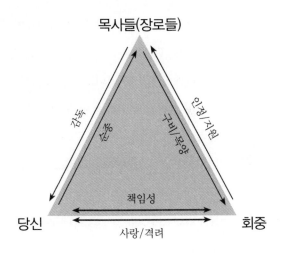

목사들(장로들)

감독

순종

구비/부양

인정/지원

책임성

당신

사랑/격려

회중

　먼저 목사들부터 살펴보자. 히브리서 13장 17절은 목사
들에 대해 이르기를 "너희 영혼을 위하여 경성하기를 자신
들이 청산할give an account 자인 것 같이 하느니라"고 한다. 목
사들은 하나님께 청산해야 한다. 누구에 대해서일까? 세상
의 모든 그리스도인들에 대해서? 그것은 분명히 아니다.
한 도시에 있는 모든 그리스도인들에 대해서? 그것도 아니
다. 목사들은 자신의 교회 멤버들에 대해서 청산해야 한다
(약 3:1 참조). 이는 그들이 특정 회중 전체에 대해서는 물론이

고(행 20:28; 엡 4:11; 벧전 5:2-3) 교회 내의 특정 개인들에 대해서도 청산해야 함을 뜻한다(히 13:17). 목사들은 개별적인 그리스도인에 대한 책임을 지닌다. 그리고 전체 회중에 대한 책임을 지닌다. 신실한 목사는 이들 둘 다 보살핀다.

우리가 삼각형의 또 다른 한 점에서 다른 두 점들을 바라볼 때에도 마찬가지이다. 개별적인 그리스도인인 나는 모든 곳의 모든 목사들에게가 아니라 특정한 목사들에게 순종할 책임을 지니고 있다(살전 5:12-13; 히 13:7, 17). 또한 나는 특정한 회중을 사랑하며 격려할 책임이 있다(마 18:15-17; 롬 14:19; 고후 2:6; 히 10:22-25; 요일 1:3-4; 비교, 요 13:34-35).

끝으로, 세 번째 점에 위치한 특정한 회중은 특정한 목사들을 인정하고 지원할 책임을 지니고 있다(롬 10:15, 15:30; 고전 9:14; 갈 6:6; 빌 2:29; 살전 5:12-13; 딤전 4:3, 5:17-20; 비교, 마 10:10). 또한 회중은 개별적인 그리스도인을 사랑하며 격려할 책임이 있다(마 18:17; 고전 5:12).

당신은 이 모든 의무들을 신약성경에서 찾을 수 있다. 이번 주에 당신은 오후 반나절을 할애하여 사도행전을 읽으면서 멤버십 삼각형을 나름대로 채워볼 수도 있을 것이다.

자의식적인 헌신

교회 멤버십이라는 자의식적 헌신 없이는 앞에서 언급한 신약성경의 명령들을 수행하는 것이 불가능하다(빌 2:8; 롬 12:3, 16). 이것은 매우 중요한 핵심 개념이다.

신약성경은 그리스도인들더러 서로 사랑할 것을 명하고 (고전 14:1; 요 13:34-35), 우리 자신과 서로를 점검할 것을 명하며(계 3:17; 고후 13:5; 갈 5:19-23; 요일 3:14, 4:1-3, 20-21), 리더들에게 복종하라고 명한다(살전 5:12-13; 히 13:7; 벧전 5:5). 이 모든 일들은 친구들 간에 이루어지는 일이 아니다(심지어 불신자에게도 친구들이 있다). 이 일들은 지역 교회라는 배경 속에서 가능한 일이다. 성경적인 제자화를 위해서는 자의식적인 멤버십이 필수적이다. 이 멤버십은 우리의 제자화를 구체화시킨다.

따라서 지상명령을 완수하길 원한다면, 우리는 이런저런 형태의 교회 개척을 추구해야 한다. 제자로 삼고 예수님의 모든 명령을 지키도록 가르치려면 자의식적으로 헌신하는 일단의 사람들이 있어야 한다.

지상명령과 성례들

지상명령은 위에서 말한 자의식적인 헌신을 염두에 두고 있는가? 그렇다. 세례(또는 침례)를 명하는 부분에서 그것을 말하고 있다.

세례(또는 침례)의 순간에 무슨 일이 일어나는가? 세례는 두 사람이 그리스도께 대한 동일한 신앙을 고백한다고 동의하는 것이고, 한 사람이 예수님 이름표를 달게 됨으로써 다른 사람과 연결되는 것이다. 우리는 세례를 통해 서로를 암묵적으로 확언한다. 우리는 세례를 통해 자신의 정체성을 그리스도와 연결시킴으로써, 서로 간에 정체성을 연결시킨다. 이는 마치 같은 부모에게 속한 두 자녀가 서로 형제(자매)임을 인정하는 것과 같다.

성찬식은 서로에 대한 이 확언이 가견적^{visible}이며 지속적이게 한다. 잔과 떡을 통해 우리는 그리스도의 피와 한 몸에 참예한다(고전 10:16). 바울은 "떡이 하나요 많은 우리가 한 몸이니 이는 우리가 다 한 떡에 참여함이라"고 말한다(고전 10:17). 그러므로 우리가 그리스도의 몸을 분별하지 못하는 상태로 성찬식에 참여해서는 안 된다(고전 11:29).

성례들이 그저 개인적인 신비한 경험일까? 그렇지 않다. 그것들은 주님과 서로를 향해 자의식적 헌신을 하도록 주님이 우리에게 주신 것이다.

지상명령은 개인적인 복음전도와 선교에 관한 것이기도 하지만, 그보다 더 큰 것과 관련되어 있다. 그것은 교회를 개척하라는 명령이며, 사람들은 그곳에서 세례(또는 침례)와 성찬을 통해 그리스도께 그리고 멤버 상호 간에 헌신한다.

7장
지상명령 교회의 네 가지 실천사항

지상명령은 교회들더러 차량등록사무소처럼 행동할 것을 요청하지 않는다. 안내 창구처럼 행동할 것을 요청하지도 않는다. 이것이 앞장들의 결론이었다. 이제 나는 한 가지 사실을 더 제시하고 싶다. 지상명령은 교회들더러 프로 스포츠팀처럼 행동할 것을 요청하지도 않는다는 것이다.

우리 교회의 스태프들은 내가 스포츠에 대해 잘 모른다며 나를 놀리는 걸 즐긴다. 사실 나는 스포츠에 대해 잘 모른다. 하지만 그런 나도 모든 스포츠팀의 목표가 우승이라는 것 정도는 알고 있다. 팀들은 리그에서 우승하기 위해서 최고의 선수들을 데려오고 최상의 훈련시설을 갖추며 최적의 코칭스태프진을 구성한다. 다른 팀들이 있다는 건 기쁜 일이다. 그들이 없으면 경기도 없을 것이다. 하지만 한 팀의 주요 목표는 다른 팀들을 이기는 것이다.

그런데, 교회들 중에도 '우린 다른 교회들을 이겨야 해!' 라고 생각하는 교회들이 많은 것 같다. 그런 사고방식을 지녔는지를 테스트하기 위한 몇 가지 진단 질문들은 다음과 같다.

- 당신의 교인들 중에서 가장 신실한 사람들이 다른 교회로 갈 때 당신은 기뻐하는가?
- 부흥을 위해 기도한 후에 인근 교회에 실제로 부흥이 임하면 당신은 기뻐하는가?(이 귀한 질문을 제공해준 앤디 존슨에게 감사드린다.)
- 도시 내의 다른 교회들을 위해서는 물론이고, 지근거리의 교회를 위해서도 정기적으로 기도하는가?
- 같은 도시 안에서, 전국적으로, 또는 해외에서 기존

교회의 재활성화나 교회 개척을 위해 예산을 할애하는가?

복음주의 교회들이 추악한 경쟁심리에 사로잡혀 있는 경우가 너무나 많다. 하지만 지상명령 교회는 복음을 전하는 다른 교회들과 경쟁하지 않는다. 복음을 전하는 모든 교회들이 **같은 팀으로 경기하고 있음**을 알기 때문이다.

지상명령 교회 = 교회를 개척하는 교회

지상명령 교회는 복음을 전하며 제자화할 뿐만 아니라, 교회를 개척하며 기존 교회를 재활성화시키는revitalizing 교회이다. 이 교회는 자신의 사역을 통해 하나님의 나라가 성장하는 것을 보길 원한다. 아울러 자신의 교회를 넘어 다른 교회들을 통해 하나님의 나라가 확장되는 것을 보길 원한다.

따라서 지상명령 교회는 교회 밖의 사람들을 교회 안으로 끌어들이기 위해 복음전도를 촉진하는 일에 관심을 기울인다. 아울러 지역 교회들을 개척하거나 지원하는 일에도 관심을 갖는다. 또한, 자기 교회의 건강만으로 만족하지 않는다. 건강하고, 성경을 믿으며, 복음을 전하는 다른 많은 교회들을 보길 원한다.

지상명령 교회는 다른 복음주의 교회들과 개척교회들을 격려한다. 심지어 그 교회들이 지근거리에 있더라도 그러하다. 그 교회들의 이름을 일일이 부르면서 기도하며, 사역을 도울 사람들을 다른 교회로 기꺼이 파송한다. 그리고 세상의 반대편에 교회들을 개척하기 위해 노력한다.

지상명령 교회는 장로 자격을 갖춘 사람들을 키워내기 위해 기도하고 노력하며, 그렇게 장로감을 공들여 키워낸 후에는 이기심 없이 그들을 내보낸다.

지상명령 교회는 이 지상명령을 우선순위에 두고 그 예산을 기꺼이 할애한다. 어느 정도의 자금은 그 교회가 자리 잡고 있는 지역에서의 사역을 위해 보유하지만, 다른 사역을 돕기 위해서도(가까운 곳이든 먼 곳이든) 예산을 할애한다.

지상명령 교회는 할 수 있는 한 어디서든, 생명력을 잃고 쇠락해가는 교회들을 회복시키기 위한 일에 적극 참여한다.

지상명령 교회는 멤버들 가운데 복음적인 다른 교회들

과 함께 하는 팀 정신을 북돋우기 위해 다양한 공적, 사적 방법을 동원한다. 기아의 땅에서 새로 문을 여는 식당을 기뻐하는 것처럼, 교회의 멤버들과 지도자들은 복음을 설교하는 새로운 교회를 기뻐한다.

그러면 지상명령 교회는 무슨 일을 하는가? 나는 다섯 가지 전략적 단계들을 제시하고자 한다. 그중에서 네 가지 사항은 이번 장에서, 그리고 다섯 번째 사항은 다음 장에서 다룰 것이다.

제자화 문화를 함양하라

먼저, 지상명령 교회는 멤버들 간에 제자화 문화를 함양할 것이다. 교회는 모든 멤버가 다른 신자들의 신앙 성장을 도울 책임을 지니도록 돕는다. 바울은 목사가 사역을 위해 성도들을 구비시켜야 한다고 말한다(엡 4:11-15). 바울의 이 말은 사역이 모든 성도들에게 속한 것임을 의미한다. 모두가 사랑 안에서 진리를 말하고 각 지체가 자기가 맡은 일을 담당할 때에 전체 몸이 자라며 스스로를 세운다(엡 4:15-16;

고전 12장, 14장).

제자도discipleship는 내가 예수님을 따르는 것이고, 제자화 discipling는 다른 사람이 예수님을 따르도록 도와주는 것이다 (딤후 2:2). 지상명령 교회에서는, 손위 연배의 남성들이 손아 래 남성들을 제자화하고, 손아래 여성들이 손위 여성들의 가르침을 받는다. 예컨대, 만일 당신이 독신 여성이라면, 같은 교회에 다니는 전업주부의 세탁 일을 도와주면서 여 러 가지를 물어볼 기회를 얻을 수 있다. 만일 당신이 주일 학교 성인반을 가르치는 평신도 장로라면, 반드시 보조 교 사를 뽑아서 그를 훈련시켜 가르치는 일을 전수해야 할 것 이다. 그렇게 하면 당신은 또 다른 반을 가르치기 시작하고 또 다른 보조 교사를 육성할 수 있다.

지상명령 교회는 "가라"는 예수님의 명령에 민감하다. 어디론가 떠나지 않는 사람에게 있어서는, "가는 것"이 교 회나 교회 멤버들에게 더 가까이 다가감을 뜻할 수 있다. 이를 통해, 주중에도 다른 사람들을 위해 사역할 수 있다. 당신은 어떤 집에 사는가? 아파트를 새로 얻거나 집을 살 때, 교회에서 제자화 문화를 함양하는 데 기여하는 것을 고려하여 결정하는가?

명목상의 그리스도인에게는 지상명령 교회가 불편하고 심지어 화나게 하는 것이어야 한다. 만일 당신이 단지 형식적인 종교적 의무 때문에 주일에 손님처럼 교회를 다닌다면, 지상명령 교회를 별로 좋아하지 않을 것이다. 교회는 당신을 환영하겠지만, 그 멤버들은 당신과 다를 것이다. 그들은 예수님을 따르기 위해 자신의 삶 전부를 바치려 한다. 그리고 예수님을 따르도록 서로를 돕는 일에 헌신한다. 그런 헌신과 행동은 그들의 문화이다. 이를테면, 관심 어린 질문, 의미 있는 대화, 기도, 그리고 지속적으로 복음을 상기시키기 등이 그들의 문화를 형성한다.

이 주제에 대한 더 상세한 자료로는 로버트 콜먼Robert Coleman의 『주님의 전도계획』*Master Plan of Evangelism*(생명의 말씀사), 콜린 마샬Colin Marshall과 토니 페인Tony Payne의 『*The Trellis and the Vine*』(지지대와 포도나무), 또는 필자의 『제자훈련』*Discipling*(부흥과개혁사)을 보라.

복음전도 문화를 함양하라

둘째, 지상명령 교회는 복음전도 문화를 함양할 것이다. 한편으로, 멤버들은 매주 예배 때마다 복음이 선포될 것을 안다. 그래서 비신자인 친구들을 초청하는 데 열심을 낸다. 복음은 찬양과 기도와 매번의 설교를 통해 빛을 발산한다.

당신이 비신자를 교회로 데려가면 그가 복음을 들을 것이라고 확신하는가? 확신하지 못한다면 어떻게 해야 할까?

한편, 지상명령 교회는 멤버들에게 복음전도 훈련을 시킨다. 그 이유는 그들이 교회 건물 안으로 데려올 비신자들보다 주중에 교회 밖에서 만날 비신자들이 더 많기 때문이다. 따라서 복음전도에서의 "성공"은 비신자인 친구들을 교회로 데려와서 복음을 듣게 하는 것이 아니다. 교회 밖에서 비신자인 이웃과 친구들에게 복음을 전하는 것이 성공이다.

그러므로 교회는 멤버들을 구비시켜 다른 사람들에게 복음 전하는 법을 터득하게 한다. 우리 교회는 주일학교 성인반에 복음전도반을 개설하여 가르친다. 나는 설교 중에 비신자들을 대하는 법의 본을 보이려고 노력한다. 특히, 말씀의 대상이 분명하게 비신자일 때 더 그리한다. 나는 교회 멤버들에게 『삶의 두 가지 길』*Two Ways to Live*, 『기독교 설명』*Christianity Explained* 또는 『기독교 탐사』*Christianity Explored* 등의 같은 복음전도 자료들을 제공하여 그들을 구비시킨다. 우리는 그렉 길버트[Greg Gilbert]의 『Who Is Jesus?』를 멤버들에게 나누어 주어 비신자 친구들에게 선물하게 한다. 또한 주일 저녁 모임을 통해 복음전도 기회들에 대해 얘기를 나눈다. 다른 멤버들의 복음전도 기회에 대해 듣고 그것을 위해 기도하다 보면 자신도 복음을 전하려는 마음을 다지게 된다.

지상명령은 당신에게 어떤 의미가 있는가? 그것은 예수님이 당신을 제자 삼는 자로 부르셨음을 뜻한다. 그분은 비신자들에게 복음을 전하며 신자들을 제자화하도록 당신을 부르신다. 당신은 이 일을 개인적으로 행해야 한다. 가정에서, 일터에서, 이웃에게, 그리고 친구에게 그리해야 한다. 당신의 교회 안에서 그리고 교회를 통해 그리해야 한다.

그러므로 동료 멤버들의 도움을 받으라. 장로를 점심 식사에 초청하여 조언을 구하라. 소그룹에서 얘기를 나누며 함께 기도하라. 가서 친구들에게 복음을 전하라.

이 주제에 대한 더 많은 자료를 원하면,『전도』*Evangelism: How the Whole Church Speaks of Jesus*를 포함한 맥 스타일즈Mack Stiles의 책들 또는 필자의『복음과 개인전도』*The Gospel and Personal Evangelism* 등을 참고하라.

선교를 통해 미전도 지역에 다가가라

셋째, 지상명령 교회는 선교를 통해 미전도 지역에 다가간 다. 선교와 복음전도와 국내에서의 교회 개척은 어떤 차이 가 있을까? 선교는 인종적, 문화적, 국가적 경계를 넘는 복 음전도와 교회 개척을 말한다.

예수님은 "가서 모든 민족을 제자로 삼으라"고 명하신 다. 이 주제에 대해 다루는 책들은 너무나 많으므로, 본서 에서는 이 주제를 많이 언급하지 않았다. 하지만 교회가 이 명령을 읽고서도 어떻게 복음을 들어본 적이 없는 민족들 에게 복음을 가져가는 데 헌신하지 않을 수 있는지 나는 이해하기 힘들다.

그 어떤 회중도 세계의 모든 곳을 목표로 삼을 수는 없다. 따라서 교회들은 몇몇 지역들에 선교 노력을 집중하는 것이 지혜롭다. 예컨대, 우리 교회는 소위 '10/40 창'에 위치한 몇몇 나라들에 집중한다. '10/40 창'이란 북위 10도와 40도 사이에 있는 동반구 지역에 해당한다. 이 지역은 인구 구성상 그리스도인 비율이 세계에서 가장 낮은 지역이다.

만일 당신이 우리 교회의 멤버이고 선교 사역을 수행하는 데 관심을 표한다면, 당신이 우리가 이미 투자하고 있는 지역으로 갈 때 우리는 당신을 더 든든하게 지원할 수 있을 것이다. 우리는 100개 지역으로 나가는 100명 모두를 지원할 수는 없다. 우리는 많은 선교사들에게 적은 금액씩 지원하기보다는 적은 수의 선교사들에게 더 큰 금액을 지원길 원한다. 그렇게 함으로써 우리의 지원을 받는 선교사들이 생업에 시간을 덜 들이고 교회를 개척하는 일에 더 많은 시간을 들일 수 있게 하려는 것이다. 또한 이를 통해 우리는 그들과 더욱 책임성 있는 관계를 맺게 된다.

우리 교회는 선교사들과 직접 동역하기도 하며, 남침례

교총회의 국제선교국 같은 단체들을 통해서 간접적으로 일하기도 한다. 또한 액세스 파트너즈^{Access Partners}와 같은 귀한 그룹들과도 동역한다. 액세스 파트너즈는 세계의 전략 지역들에 사업가들을 파견하는 사역을 돕는다. 이 사업가들이 해당 지역의 선교사들을 장기적으로 지원할 수 있다.

미전도 지역에 다가가고자 하는 당신의 교회를 돕기 위해 당신이 개별적인 그리스도인으로서 어떤 역할을 맡을 수 있을까? 분명 당신은 소속 교회의 선교사들을 위해 기도해야 한다. 그들이 휴가 중일 때 그들과 친분을 맺으라. 단기선교 여행을 고려해볼 수도 있다. 이를 통해 당신은 장기 사역자들을 지원할 수 있다. 선교사 전기들을 읽어보라. 당신이 직접 선교사로 나가는 것에 대해서도 생각해보라. 몇 장 후에 이 문제를 다룰 것이다.

당신과 당신의 교회가 미전도 지역으로 다가가기 위해 할 수 있는 일이 하나 더 있다. 시내에 사는 외국인들을 돌아보는 것이다. 우리 교회는 외국에서 온 유학생들에게 다가가기 위해 많은 노력을 기울인다. 당신의 지역에는 어떤 외국인들이 많이 사는가? 만일 당신이 현 거주지에서 그들에게 복음을 전하면, 그 복음이 그들의 모국으로 확산될 수 있는 좋은 기회가 될 것이다.

이 주제에 대해 더 알아보기 원한다면, 존 파이퍼의 『열방을 향해 가라』*Let the Nations Be Glad*를 참고하라.

다른 교회들을 강하게 하기 위해 일하라

교회들은 대체로 선교 예산을 책정해두고 있다. 나는 "건강한 교회 육성" 예산도 추가할 만한 가치가 있다고 생각한다. 다른 교회들을 강하게 하려는 노력은 지상명령 교회의 네 번째 실천사항이다.

우리 교회는 목회 인턴 프로그램과 같은 여러 가지 사역 지원에 이 예산을 사용한다. 우리는 교회에서 인턴으로 근무하는 12명에게 매년 사례비를 지급하며, 그들 중의 대부분은 결국 목회자가 되거나 사역을 위해 다른 교회로 간다.

또한 우리는 건강한 교회를 세우는 일에 헌신하는 9Marks 사역을 지원하는 데에도 이 예산을 사용한다.

우리는 사람들을 훈련시켜 내보낼 것을 의도적으로 계획

하고서 스태프들을 구성한다. 전도사들pastoral assistants은 2-3 년 동안 우리 교회에서 섬긴 후에 나가는 것으로 예상된다. 부목사들assistant pastors은 3-5년 동안 섬긴 후에 나간다. 장기적으로 우리 교회에 남아 있을 것으로 예상되는 스태프들은(스태프가 아닌 목사들이나 장로들을 포함하여) 나 자신과 일부 협동목사들associate pastors뿐이다. 그 외의 인원은 파송을 염두에 두고 훈련시킨다.

우리 교회는 주말 콘퍼런스들을 후원한다. 이 콘퍼런스들은 세계 각지에서 오는 목사들을 위한 것이다. 그들은 우리 교회의 정규 모임들에 참석하고 여러 특강과 질의응답 시간에 참석한다. 같은 목적을 위해 나는 세계 각국의 몇몇 다른 네트워크에 속한 목사들과 매주 통화한다. 이 대화들을 통해 나는 전 세계의 건강한 교회들을 위해 일하고 기도할 기회를 얻는다.

우리는 교회를 개척하며 재활성화하는 일을 통해 다른 교회들을 강하게 하는데, 대부분 우리 지역 내에서 이런 일들을 행한다. 이 주제에 대해서는 다음 장에서 다룰 것이다 (다음 장 전체는 이 내용을 확장한 것이다). 하지만 우리는 세계 각처에 교회를 개척하며 침체된 교회를 재활성화하는 일도 한다. 예를 들어, 약 10년 전에 아랍에미리트의 두바이에 있는 한 교회가 목사를 구하고 있을 때, 우리는 존이라는 형제를 그곳으로 보냈다. 하나님은 그 교회의 재활성화를 위해 존을 강력히 사용하셨다. 나의 오래된 친구이자 핵심 장로들 중 하나였던 맥은 존을 그곳으로 데려가는 일을 도왔다. 존과 맥이 그 교회를 건강하게 회복시킨 후에, 맥과 또 다른 형제인 데이브는 차편으로 30분 거리인 곳에 또 다른 교회를 개척하기 위해 떠났다. 우리는 그 새로운 사역에 뛰어든 맥과 데이브를 돕기 위해 과거 우리 교회에서 전도사로 일했던 형제와 목회 인턴으로 일했던 형제를 파송했다. 동시에 우리는 아랍에미리트의 또 다른 도시에 교회를 개척하기 위해 예전에 일했던 또 다른 목회 인턴을 파송했다.

우리가 이 무슬림 국가에 세운 세 개의 교회들은 지금도 건강하게 성장하고 있다. 이것은 우리가 미리 세운 근사한 계획에 따른 것이 아니다. 사실, 교회를 재활성화하는 한 번의 기회와 연이어 일어난 두 번의 교회 개척 기회는 모두 우리의 계획에서 비롯된 것이 아니었다. 우리는 단지 기도하고 도왔으며, 재정적 지원과 인적 지원을 제공했을 뿐이다. 그리고 우리 멤버들 중의 한 명이 이 교회들을 돕기 위해 아랍에미리트에서 직장을 잡았다. 우리 교회가 얻은 것은 다른 것이 아니다. 그것은 바로 하나님의 나라가 이 외국 땅에서 확장되는 것을 보는 기쁨이다.

이 사례들 중의 다수는 목사로서 내가 했던 일에 초점을 맞춘 것이다. 일반 교회 멤버는 지역 내 또는 해외에 있는 다른 교회들을 든든하게 세우기 위해 어떤 도움을 줄수 있을까? 그는 그 교회들을 위해 개인적으로 기도하거나 식사 시간에 가족과 함께 기도할 수 있다. 또한 재정적으로 지원할 수도 있다.

당신은 다른 교회들을 함부로 비난하지 않도록 주의해야한다. 물론 당신 교회의 실천사항이나 부차적인 교리들과 다른 점들이 다른 교회에서 발견될 수 있다. 물론 그러한 차이가 존재하는 데에는 나름의 이유가 있다. 내 말은 그 차이점들을 당신이 깡그리 무시하라는 것이 아니다. 하지만 명심하라. 그런 부차적인 차이점들은 우리 모두가 공유하는 복음에 비하면 중요하지 않다. 따라서 비판적인 마음을 경계하고, 복음을 위해 즐겁게 협력할 방안을 모색하라(예수님이 지나치게 편협한 자들에게 경고하신 내용에 대해서는 누가복음 11장 49-50절을 보라).

끝으로, 당신은 선교하러 가는 사람이든지 아니면 보내는 사람임을 기억하라. 이 사실은 너무나 중요하므로 우리가 9장 전체에 걸쳐 다룰 것이다. 그러나 먼저 8장에서는 다른 교회들을(특히 지역 내에 있는 교회들을) 돕는 일에 대해 계속 다루고자 한다.

8장
지상명령 교회의 실천사항 하나 더

내가 우리 교회에 자주 하는 말이 있다. 우리가 바라는 것은 사람들이 영적 양식을 얻는 것이지 반드시 우리 식당(교회)에서 양식을 얻는 것이 아니다. 우리 도시 안에는 영적 양식을 얻을 수 있는 좋은 곳들이 많다. 우리는 그저 지구상에서 영적 굶주림이 감소되기를 원한다.

따라서 지상명령 교회는 지역 내에 도울 수 있는 다른 교회들이 있는지 살핀다. 그 교회들은 힘든 시기에 처했을 수 있다. 심지어 그들은 가르침과 실천에 있어 복음을 왜곡

하기 시작했을 수도 있다. 어떤 경우든 간에, 우리는 그리스도를 위해 그들을 되찾길 원한다. 그 건강하지 못한 교회가 지역사회 안에서 평판이 안 좋고 기독교를 부끄럽게 만들 수도 있다. 지상명령 교회는 그런 교회의 평판을 회복시키는 일을 돕길 원한다. 그 교회 바로 옆에 새 교회를 개척하기보다는, 부주의한 이전 세대 그리스도인들이 망쳐 놓은 것을 바로잡고자 노력한다.

혹은 시내의 인근 지역이나 멀리 떨어진 어느 교외 지역에 복음을 전하는 교회가 전혀 없을 수도 있다. 그럴 경우에는 새 교회를 개척할 필요가 있다. 당신의 교회가 도울 수 있는 방법은 무엇인가?

지역 전체의 복음 성장을 독려하라

앞장에서 우리는 지상명령 교회의 네 가지 실천사항을 살펴보았다. 내가 다섯 번째 실천사항을 따로 언급하는 것은, 다른 네 가지보다 더 중요해서가 아니라 복음주의자들이 이것을 덜 언급하기 때문이다. 지상명령 교회는 지역의 복음 성장을 독려한다.

지난 20년에 걸쳐 하나님이 워싱턴 D.C.에서 행하신 일들에 대해 나는 너무나 감사한다. 내가 20여 년 전에 이곳에 왔을 때, 캐피톨힐(워싱턴 D.C. 안의 지명—편집주)에는 누군가에게 추천할 만한, 복음을 전하는 건강한 교회들이 많지 않았다. 오늘날에는 추천할 만한 교회들이 대여섯 개 정도 되며, 컬럼비아 특별구 전역에는 더 많다. 우리는 이 "자매 교회들"을 우리 웹사이트에 올리고, 그 명단을 인쇄한 카드를 교회 건물의 출입문들에 걸어두고 있다. 만일 어떤 사람이 우리 교회를 좋아하지 않거나 너무 먼 곳에 산다면, 그는 이 교회들 중에 하나를 택하면 된다.

그렇다. 우리는 약간의 차이는 있지만 같은 복음을 전한다. 나는 하나님이 그분의 은혜와 자비로 캐피톨힐과 워싱턴 D.C.에 은총을 베풀어 오신 것을 기뻐한다. 우리는 복음의 풍성한 결실을 보고 있다. 할 일이 더 남아 있을까? 그렇다. 하지만 하나님이 지금까지 해 오신 일들에 우리는 감사한다.

하나님은 승리하실 것이다. 설령 우리 교회가 문을 닫을

지라도 그 사실을 의심할 필요가 전혀 없다. 바울은 "하나님의 말씀은 매이지 아니하니라"(딤후 2:9)고 말한다. 바울이 이 말을 할 때 감옥에 있었음을 명심하라. 어쩌면 그의 친구들 중에는 복음의 진전에 대해 낙담한 이들도 있었을 것이다. 그러나 바울은 "염려하지 마라. 하나님의 말씀은 매이지 않는다. 그것은 거침없이 달린다. 심지어 감옥을 통해서도 퍼져나간다."라고 말한다.

지난 20년 동안 네팔에서 기독교가 성취한 것을 보라. 역사적으로 힌두교 국가인 이 나라에서 기독교는 불법이었고, 격렬한 핍박을 받아 왔으며, 많은 그리스도인들이 투옥되었었다. 하지만 어떤 일이 있었는가? 투옥된 그리스도인들이 복음을 전하기 시작했다. 감옥은 그리스도인들이 온 나라에 복음을 전하는 방법이 되었다! 이런 일은 하나님의 백성의 역사에서 거듭 일어났다. 하나님의 말씀은 계속 확산된다.

우리는 자신의 교회에만 관심을 기울일 것이 아니라, 다른 교회들을 돕거나 지역 내에 복음을 확산시킬 방안을 모색할 필요가 있다.

개척과 재활성화

우리 지역 내에서 복음의 진전을 가져오기 위해 우리가 추구해 온 방식은 죽어가는 교회를 재활성화하고 새 교회를 개척하는 것이다.

재활성화하는 일은 힘들 수 있다. 교회가 쇠퇴한 데에는 이유가 있으며, 부분적으로는 그 교회의 멤버들이 원인이다! 죽어가는 교회로 들어가서 건강하게 회복시키기 위해서는 특별한 사람이 그곳으로 가서 지도할 필요가 있으며, 교회는 기꺼이 도움을 받고자 해야 한다.

몇몇 교회들은 둘 중 하나를 선택하는 상황에 직면하게 된다. 하나는 교회 건물을 교단이나 다른 교회에 넘기는 것이고, 다른 하나는 다음과 같은 우리의 제안을 받아들이는 것이다. "여러 명의 교회 멤버들과 목사 한 명과 그 목사의 사례비 2년 치를 보내드릴게요. 교회 이름과 건물은 그대로 유지할 수 있어요. 우리는 아무런 보상도 바라지 않아요." 복음에 철저히 초점을 맞추고 강해적으로 설교하며 또한 그들을 사랑하도록 우리가 그 목사를 훈련시켰다는 사실에 대해 그들은 별로 아는 바가 없다. 이것을 비밀작전이라 부를 수도 있겠다.

때로 우리는 우리가 사는 대도시의 외곽 지역에 있는 교회들에 우리 교회의 멤버들을 보냈다. 굳이 멀리서 차를 몰고 우리 교회로 올 필요가 없도록 하기 위해서이다. 우리는 복음을 위해 우리가 가지고 있는 기회를 최대한 활용하려고 한다.

아울러 우리는 지역 내에 새 교회들을 개척하길 원한다. 최근에 우리는 시내의 가난한 지역들 중의 한 곳에 오십 명의 멤버와 세 명의 장로를 보냈다. 리드 장로lead elder인 타비티는 개척 사역을 진행하는 6개월 동안 대여섯 차례에 걸쳐 우리 교회에서 설교했다(침례교 전통에서는 목사인 장로에 대해 장로라는 호칭을 사용하는 경우가 많다—편집주). 이를 통해 우리 교회 사람들은 성경을 이해하고 가르치는 그의 역량을 신뢰하게 되고, 그와 함께하려는 마음을 굳게 먹게 될 것이었다. 지금 이 책을 쓰고 있는 이 시점에, 그들은 어느 학교를 빌려 모임을 가지면서, 보다 영속적인 모임 장소를 마련할 방안을 모색하고 있다. 우리는 그들을 돕기 위해 할 수 있는 모든 노력을 기울일 것이다. 내 짐작으로는, 내년에 우리는 추가적으로 여러 명의 멤버들을 그곳으로 보낼 것이다.

교회를 재활성화하는 일이든 개척하는 일이든, 이 모든 것의 목표는 워싱턴 D.C. 전역에 수많은 독립된 교회들이 확산되어 사람들이 사는 곳에 더 가까이 자리잡는 것이다. 우리는 그리스도인들이 자신의 개인적인 삶과 교회를 보다 쉽게 결부시킬 수 있게 되기를 바란다. 앞장에서 논의한 제자화 문화를 함양하기를 바라는 것이다.

기도, 목사들의 친교, 핵심 세미나 등

지역 내에서 복음을 진전시키기 위해 우리가 행하는 다른 일들도 많다. 우리는 매주 주일 예배에서 다른 교회들을 위해 이름을 부르며 기도한다. 또한, 복음전도를 위해 그 교회들과 다양한 방법으로 협력한다. 예컨대, 실업인 점심시간 모임 같은 것이 있다. 또한 우리는 다른 교회의 목사들을 우리의 기도 모임에 초청하여 그들의 기도 제목을 함께 나눈다.

나는 컬럼비아 침례교목회자협회Columbia Baptist Minister's Association라는 단체를 시작했다. 이것은 지역 내의 남침례교 목사들이 함께하는 단체이다. 매월 첫 번째 화요일에 우리는 함께 만나서 친교를 나누고 기도하며 서로 조언한다. 우리 지역 내에서 진행되는 다른 복음 사역들에 대한 소식은 우리에게 큰 힘과 격려가 된다!

지난 몇 년에 걸쳐, 몇몇 젊은 교회 개척자들이 워싱턴 D.C.로 와서 우리에게 도움을 구했다. 우리는 할 수만 있다면 기꺼이 돕는다. 그 사역자가 우리의 신뢰를 얻게 되면, 우리는 심지어 교회 멤버들을 그에게로 보내거나 그에게 휴식이 필요할 때 도와줄 설교자들을 지원할 것이다. 우리는 지역 내의 다른 많은 교회들을 돕고 싶다. 아무런 대가도 바라지 않는다. 다만 우리가 풍성한 사랑과 관심을 베풀고자 한다는 점을 알기를 희망한다.

워싱턴에서의 삶은 변화가 잦기 때문에 많은 사람들이 우리 교회를 떠난다. 이곳에 왔을 때, 나는 이 회중을 사랑하는 것이 마치 악수회를 하는 것과 같음을 알았다. 이것은 심리적으로 힘들 수 있지만, 귀한 기회이기도 하며, 우리는 이 유동성을 활용하려고 노력한다. 예를 들어, 기존의 주일학교 성인반을 주제 중심의 13주 "핵심 세미나" 강좌들로 전환했다. 2-4년 동안 우리 교회에 다닐 사람이 있다고 상정하고, 우리는 그리스도인의 삶을 위해 그에게 무엇을 가르치고 훈련시킬 것인지, 기초적인 훈련을 어떻게 구성할 것인지를 자문했다. 그 결과, 우리는 믿음의 기초, 단기 복음전도반, 중장기 복음전도반, 성경 개관, 교회사, 조직신학, 성경신학, 성경 읽는 법, 영적 훈련, 하나님의 인도, 남녀 교제와 결혼, 자녀양육, 재정, 사람에 대한 두려움, 변증, 정부 안의 그리스도인, 남성성과 여성성 등을 가르치는 강좌를 제공하고 있다. 이 모든 과정을 통해 우리 멤버들은 강해진다. 동시에 이것은 그들이 앞으로 가게 될 다른 교회를 위해 그들을 구비시킨다.

만일 누군가가 전체 과정을 다 마치더라도, 걱정할 것 없다. 우리는 다른 사람을 붙잡고 그 과정을 사용하여 그를 제자로 삼을 것이다.

당신의 역할

위의 사례들 중의 일부는 내가 목사로서 행한 일들이다. 하지만 성경은 멤버십 전체가 교회의 복음 사역에 대해 최종적인 책임을 지고 있다고 말한다. 그러므로 당신도 지역사회의 복음 진전을 위한 교회의 비전을 돕기 위해 어떤 역할을 담당해야 한다.

한 가지 매우 실천적인 문제는 당신이 현재의 교회에 머물 것인지, 지역 내에 다른 교회를 개척하거나 재활성화하는 일에 참여할 것인지, 혹은 해외로 나갈 것인지를 결정하는 일이다. 많은 그리스도인들이 교육이나 직업이나 가족 상황만을 고려하여 주거할 지역을 선택한다. 심지어는 날씨, 통근 거리, 생활양식, 취미, 즐거움 등을 기준으로 결정을 내린다.

당신이 만일 그렇게 하는 사람이라면, 나는 당신이 삶의 중요한 일들을 결정할 때 예수님의 지상명령에 복종하기를 당부한다.

사람들을 제자로 삼고 예수님이 명하신 모든 것을 가르

쳐 지키게 하는 일에 당신의 삶 전체를 바치라. 주거 지역 결정과 같은 삶의 중요한 결정을 내리게 될 때에는, 가능한 한 교회를 우선적으로 정한 다음에 직업이나 집이나 학교 등의 다른 문제들을 생각하라.

당신은 진학할 대학을 찾고 있는 고등학교 3학년인가? 그렇다면 국내에 있는 훌륭한 교회 대여섯 개를 물색해보라. 그런 다음에 그 도시에 있는 대학교를 찾아보라.

당신은 사업가인가? 회사 사무실이 해외에도 있는가? 당신이 그 지역에 있는 교회들이나 선교 사역을 도울 수 있는 길이 있는가?

당신은 퇴직자인가? 앞으로 어디서 어떻게 시간을 보낼 생각인가?

당신이 지상명령을 우선시하는 마음가짐을 가질 때, 삶의 중대한 결정과 관련하여 기존과는 다른 방식으로 생각하게 될 것이다.

9장
머무를 것인가 갈 것인가

지상명령을 성취하기 위해 첫 제자들은 **갔다**. 하지만 그들이 끊임없이 떠나거나 가기만 한 것은 아니다.

젊은 그리스도인들은 "가라"는 명령을 들을 때, 그것을 그리스도인의 삶의 기본적인 명령으로 여기곤 한다. 그것은 상당히 근시안적인 생각이다. 당신은 일단 어디론가 가면, 거기에 머물러야 한다. 항상 가기만 한다면, 이동거리가 많이 쌓이는 것 외에는 아무런 일도 이루어지지 않을 것이다. **가는 것**이 의미가 있으려면, 당신은 상당한 시간

동안 **머물러야** 한다. 머무는 기간은 몇 주, 몇 년, 또는 남은 삶 전체일 수도 있다.

모든 그리스도인은 다음과 같은 물음에 직면한다. 미전도 지역으로 가서 그곳의 교회 개척팀에 합류해야 하는가? 아니면 새 교회를 개척하거나 인근 교회의 재활성화를 돕는 팀에 합류해야 하는가? 아니면 교회 안에 머무르면서, 파송된 사람들을 지원하고 예배를 드리고 제자화하며 복음을 전해야 하는가?

이들 세 가지 모두 좋다. 그 선택은 당신이 어떤 사람이며 주께로부터 받은 소명이 무엇인지에 달려 있다.

고려해야 할 열두 가지 요소

현재의 교회에 머물 것인지 아니면 다른 지역이나 해외로 갈 것인지를 결정할 때 고려해야 할 열두 가지 요소는 다음과 같다.

1. **당신이 이동하는 목적.** 만일 당신이 떠나는 것을 생각하고 있다면, 그 목적이 주로 부정적인 것인가(현재의 교회에

당신이 좋아하지 않는 것이 있기 때문에 떠나는가)? 아니면 주로 긍정적인 것인가(다른 곳에서 복음 사역을 하기 위해서인가)? 당신이 떠나기로 결정했다면, 그것은 긍정적인 이유 때문이어야 한다. 더욱이, 할 일을 제대로 하고 있지 않다는 죄책감 때문에 떠나거나 "성숙한" 그리스도인이라면 반드시 가서 선교해야 한다는 그릇된 이해 때문에 떠나면 안 된다. 부정적인 목적이나 죄책감이나 그릇된 이해 때문에 떠난 사람은, 교회를 개척하거나 재활성화하는 사역을 지원하는 과정에서 직면하는 여러 어려움들을 견뎌내지 못할 것이다.

2. **신학과 목회철학.** 당신이 고려하고 있는 교회나 개척 팀은 하나님의 말씀을 올바로 믿고 가르치는가? 그들은 복음과 교회에 대한 성경적 이해를 지니고 있는가?

3. **복음전도.** 그 교회는 불신자 친구들을 데려갈 수 있는 곳인가? 그들이 교회를 방문했을 때 그곳에서 복음을 들을 수 있는가? 신실하게 복음을 실천하는 모습을 그들이 목격할 수 있는가?(재활성화 대상인 교회는 적어도 처음에는 그런 곳이 아닐 것이다.)

4. **당신과 이웃의 덕을 세움.** 당신이 그리스도인으로서

성장하길 원하는 것은 옳은 일이다. 그러므로 당신은 당신의 영적 성장에 도움이 되는 교회에 다녀야 한다. 당신은 현재의 교회에서 잘 성장하고 있는가? 다른 교회에 가면 잘 성장할 거라고 생각하는가? 떠나는 것이 당신에게나 다른 어떤 사람에게 영적으로 해를 끼치는가? 비행기 비상상황을 생각해보자. 기내에서 옆 사람에게 산소 마스크를 씌우기 전에 나 자신부터 산소 마스크를 써야 한다. 이와 마찬가지로, 먼저 자기 자신의 영적 건강을 돌보는 것이 옳다. 다른 사람들을 돕고 싶다면 당신이 먼저 산소를 공급받아야 한다. 즉 당신이 먼저 영적으로 성장할 필요가 있다.

교회에는 세 부류의 사람들이 있다. 만족하지 못하는 사람, 그럭저럭 잘 지내는 사람, 그리고 급속히 성장하고 있는 사람이다. 만족하지 못하는 사람은 대개 교회를 개척하거나 재활성화하는 팀에 합류해선 안 된다. 솔직히, 목사는 이런 사람들을 보내고 싶은 유혹을 느낀다. 하지만 그것은 지혜롭지 않다. 만일 당신이 현재의 교회에 만족하지 못한다면, 당신을 잘 알며 그 불만족의 원인을 제거하도록 도와줄 수 있는 사람들 가운데 머무는 것이 더 나을 것이다. 게 다가 당신의 도움을 필요로 하는 새 교회로 당신의 불만족을 옮길 위험마저 있다.

만일 당신이 세 번째 그룹에 속한다면(영적으로 급속히 성장하고 있다면), 당신도 잠시 동안 현재의 교회에 머무는 것이 좋다. 당신은 성장하고 있다! 지금 하고 있는 일을 중단하지 말라! 이 성장이 어느 정도 진전되면, 그 진전 상태에 대해 교회 장로와 함께 점검해볼 수 있다.

교회를 개척하거나 재활성화하는 프로젝트에 참여하기에 가장 좋은 사람들은 중간 그룹에 해당한다. 교인들 중의 대다수가 여기에 해당한다. 그들은 평범하지만 서서히 성장하고 있다. 그들은 안정적이며 새로운 프로젝트에 실제적인 도움이 될 수 있다.

5. **전략적 특성.** 이 사역이 특히 중요하게 여겨지며 이 일에 기여하고 싶고 또한 기여할 수 있다는 생각이 드는가? (특히 해외에 있는) 특정한 교회를 도울 수 있게 하는, 하나님이 주신 전략적이며 직업적인 기회가 당신에게 주어져 있는가? 복음을 전하고 싶은 특정 그룹의 사람들이 당신에게 있는가?

6. **당신이 지금 교회에서 행하는 사역.** 하나님이 당신에게 이미 주신 사역을 고려하라. 이미 특정한 사역을 책임지고 있다면 떠나는 것을 매우 신중히 결정하라. 어쩌면 당신의 가르치는 기술이나 제자화 기술이 이미 잘 활용되고 있을 것이다. 혹은 아마도 새로 시작하는 상황에서 그것들을 더 잘 활용할 수 있을 것이다. 어쩌면 당신은 사람들을 빨리 사귀고 그래서 새로운 곳에서 잘 적응할 수 있을 것이다. 혹은 새로운 관계를 형성하는 데 긴 시간이 걸리므로 떠나기 전에 좀 더 생각해볼 수도 있다. 만일 당신이 현재의 교회에서 복음전도나 제자화나 격려하는 일에 있어 받는 것보다 주는 것이 더 큰 사람이 아니라면 다른 교회에서의 사역을 생각할 이유는 거의 없을 것이다.

7. **당신이 지원하려는 목사들과의 관계.** 당신은 어떤 목사나 그의 가족과 더불어 개인적인 관계를 맺고 있을 수 있다. 혹은 당신이 그의 가르침을 통해 현저한 영적 성장을 이루었을 수도 있다. 이 사실들은 당신이 가서 사역할 좋은 이유들이며, 당신은 그 지도자에게 큰 격려가 될 것이다.

8. **지리적 위치.** 당신의 현재 거주지는 당신의 교회와 대

부분의 교회 멤버들이 사는 곳으로부터 얼마나 떨어져 있는가? 당신은 정규 모임에 꼭 참석하고 자원봉사에 쉽게 나설 수 있으며 또한 다른 멤버들과 잘 교류할 수 있을 정도로 가까이 거주하는가? 당신이 거주하는 곳의 위치가 이웃이나 직장 동료들에 대한 당신의 복음 사역에 어떤 영향을 미치는가? 당신의 거주지가 멀 경우에, 당신의 거주지와 가까운 곳에서 행해질 귀한 사역에 참여할 수 있겠는가? 만일 당신이 교회와 가까운 곳에 산다면, 새 프로젝트(교회 개척 또는 교회 재활성화 등)가 행해지는 곳 근처로 기꺼이 이주하겠다는 마음이 없는 한 나는 당신이 그 프로젝트에 참여하는 것을 만류할 수도 있다.

9. **삶의 상황.** 당신의 삶의 상황을 고려할 필요가 있다. 당신은 독신인가? 당신은 그리스도인의 삶에 대해 신학적으로나 실천적으로 공감하는 배우자를 찾길 원하는가? 만일 당신이 아버지라면, 합류하려는 교회가 당신의 아내와 자녀를 제자화하기에 좋은 곳인가?

10. **재정 상태.** 당신은 현재의 상황이나 미래의 상황을 감당할 만한 재정적 여유가 있는지를 고려할 필요가 있다.

집세를 지불할 수 있겠는가? 자녀 교육비는? 다른 생계 지출들은? 바울은 "누구든지 자기 친족 특히 자기 가족을 돌보지 아니하면 믿음을 배반한 자요 불신자보다 더 악한 자"(딤전 5:8)라고 말한다. 한편, 당신이 자신에게 필요하다고 생각했던 것들 모두가 정말로 필요한지에 대해 고려해보았는가? 필요한 재정을 예측할 때 신중히 하라.

11. **다른 사람들과의 현재 관계.** 당신은 현재 있는 곳에서 다른 사람들과의 관계가 나쁜 모양새일 때가 아니라 좋은 모양새일 때 떠나야 한다. 힘든 관계를 회피하기 위해 떠나서는 안 된다.

12. **기도.** 당신이 다른 교회로 가는 것과 현재 교회에 남아 있는 것 중에서, 하나님은 어떤 것을 원하신다고 생각하는가? 우리는 그리스도 안에서 자유를 가지고 있고, 우리 앞에는 종종 한 가지 이상의 좋은 선택이 놓여 있다. 우리에게 자유를 주신 하나님을 찬양하라.

어떤 이는 가야 하고 어떤 이는 머물러야 한다

다른 곳으로 가기 위해 많은 대가를 지불해야 할 수도 있다. 그러나 그렇다고 당신이 가지 말아야 하는 것은 아니다. 가라고 하는 예수님의 명령에 순종했던 성도들 대부분은 값비싼 대가를 치렀다. 당신이 예루살렘 주민이 아니라면 누군가가 당신의 나라나 당신의 도시나 당신의 집에 복음을 전하기 위해 그 대가를 지불했기 때문에 당신은 믿음을 지니게 되었다. 이 사실로 인해 하나님을 찬양하라.

누군가는 자신의 교회를 떠나야 한다는 것이 본장의 요점일까? 어떤 면에서는 그렇다. 누군가는 힘든 교회를 도우러 가야 한다. 어떤 이들은 새 교회를 개척해야 한다. 어떤 이들은 해외로 가야 한다. 그리고 어떤 이들은 남아 있어야 한다.

어떤 회중이 유지되려면 교인들이 남아 있어야 한다. 모든 교회는 리더십과 제자화 그리고 장기적인 친교에 있어 일관성이 필요하다. 우리 문화에서, 남아 있는 것은 종종 반문화적인 일로 여겨진다. 젊은 세대에게는 특히 그러하다. 하지만 현대 도시 생활의 잦은 이직과 전학을 고려해보면, 수십 년 동안 한곳에 머물러 있는 것도 급진적인 섬김이다.

무슨 일을 하든, 성급한 결정을 내리지 말라. 그런 결정을 내리기에 앞서 기도하라. 그리고 혼자서 결정하지 말고, 당신을 잘 아는 친구들, 그리고 당신을 잘 아는 적어도 한 명의 장로와 대화를 나누고 나서 결정하라.

10장
지상명령의 원대한 목표

지상명령의 원대한 목표는 교회를 통한 하나님의 영광이다.

만일 예수님이 보이지 않는 하나님의 형상이시라면, 오늘날 우리는 어떻게 예수님을 뵙는가? 예수님은 물리적인 성상이나 성화를 통해 경배받지 않으신다. 그분은 제자들더러 그분의 형상을 그리거나 성상을 새기라고 가르치지 않으셨다. 제자들은 여러 책을 써서 남겼지만 경배할 형상은 하나도 남기지 않았다.

대신에, 예수님은 말씀 설교를 통해 자신에게 속한 자기 백성을 창조하셨다. 교회 안에서 우리는 하나님의 성품을 보는 축복을 누린다. 교회 안에서 우리는 하나님이 어떤 분이신지를 본다. 우리는 장차 예수님의 얼굴을 직접 뵐 것임을 안다(요일 3:1-3; 계 22:4 참조). 그러나 지금도 지역 교회를 통해 하나님의 사랑과 선하심이 영광스럽게 드러나는 것을 만민이 볼 수 있다. 그러니 하나님을 찬양하자.

그리스도는 자신과 지역 교회를 하나로 여기신다. 교회는 그분의 몸이고, 그분은 머리가 되신다. 우리 교회들을 통해 그분의 권능이 드러나야 한다. 교회는 하나님의 각종 지혜를 반영해야 한다. 교회는 복음을 눈에 보이게 해야 한다. 교회가 바로 주님의 복음전도 계획이다. 그들을 통해 천국의 권세가 행사된다.

지역 교회는 사람들을 제자로 삼는 곳이다. 아버지와 아들과 성령의 이름으로 제자들이 세례(또는 침례) 받는 곳이다. 그리스도께서 명하신 모든 것을 그리스도인으로 하여금 가르쳐 지키게 하는 곳이다. 이 영광스런 목적을 위해서 그리스도는 그분의 성령과 권세를 우리에게 세상 끝날까지 약속하셨다.

교회 개척은 지역 교회가 늘 해야 할 일이다. 지상명령은 주로 교회 개척을 통해 실현된다. 당신의 삶과 교회가 이 사명을 위해 드려지기를 기도한다.

개혁된 실천 시리즈 ────────

1. 조엘 비키의 교회에서의 가정
설교 듣기와 기도 모임의 개혁된 실천

조엘 비키 지음 | 유정희 옮김

이 책은 가정생활의 두 가지 중요한 영역에 대한 실제적 지침을 포함하고 있다. 첫째, 공예배를 위해 가족들을 어떻게 준비시켜야 하는지, 설교 말씀을 어떻게 받아야 하는지, 그 말씀을 어떻게 실천해야 하는지 설명한다. 둘째, 기도 모임이 교회의 부흥과 얼마나 관련이 깊은지 역사적으로 고찰하면서, 기도 모임의 성경적 근거를 제시하고, 그 목적을 설명하며, 나아가 바람직한 실행 방법을 설명한다.

2. 존 오웬의 그리스도인의 교제 의무
그리스도인의 교제의 개혁된 실천

존 오웬 지음 | 김태곤 옮김

이 책은 그리스도인 상호 간의 교제에 대해 청교도 신학자이자 목회자였던 존 오웬이 저술한 매우 실천적인 책으로서, 이 책에서 우리는 청교도들이 그리스도인의 교제를 얼마나 중시했는지 엿볼 수 있다. 이 책은 그리스도인의 교제에 대한 핵심 원칙들을 담고 있다. 교회 안의 그룹 성경공부에 적합하도록 각

장 뒤에는 토의할 문제들이 부가되어 있다.

3. 신규 목회자 핸드북

제이슨 헬로포울로스 지음 | 리곤 던컨 서문 | 김태곤 옮김

이 책은 새로 목회자가 된 사람을 향한 주옥같은 48가지 조언을 담고 있다. 리곤 던컨, 케빈 드영, 앨버트 몰러, 알리스테어 베그, 팀 챌리스 등이 이 책에 대해 극찬하였다. 이 책은 읽기 쉽고 매우 실천적이며 유익하다.

4. 개혁교회의 가정 심방
가정 심방의 개혁된 실천

피터 데 용 지음 | 조계광 옮김

목양은 각 멤버의 영적 상태를 개별적으로 확인하고 권면하고 돌보는 일을 포함한다. 이를 위해 교회는 역사적으로 가정 심방을 실시하였다. 이 책은 외국 개혁교회에서 꽃피웠던 가정 심방의 실제 모습을 보여주며, 한국 교회 안에서 행해지는 가정 심방의 개선점을 시사해준다.

5. 개혁교회 공예배
공예배의 개혁된 실천

대니얼 R. 하이드 지음 | 이선숙 옮김

많은 신자들이 평생 수백 번, 수천 번의 공예배를 드리지만 정작 예배에 대해서 제대로 이해하지 못하는 경우가 많다. 당신은 예배가 왜 지금과 같은 구조와 순서로 되어 있는지 이해하고 예배하는가? 신앙고백은 왜 하는지, 목회자가 왜 대표로 기도하는지, 말씀은 왜 읽는지, 축도는 왜 하는지 이해하고 참여하는가? 이 책은 분량은 많지 않지만 공예배의 핵심 사항들에 대하여 알기 쉽게 알려준다.

6. 9Marks 마크 데버, 그렉 길버트의 설교
설교의 개혁된 실천

마크 데버, 그렉 길버트 지음 | 이대은 옮김

1부에서는 설교에 대한 신학을, 2부에서는 설교에 대한 실천을 담고 있고, 3부는 설교 원고의 예를 담고 있다. 이 책은 신학적으로 탄탄한 배경 위에서 설교에 대해 가장 실천적으로 코칭하는 책이다.

7. 마음을 위한 하나님의 전투 계획
청교도가 실천한 성경적 묵상

데이비드 색스톤 지음 | 조엘 비키 서문 | 조계광 옮김

묵상하지 않으면 경건한 삶을 살 수 없다. 우리 시대에 일어나고 있는 일이 바로 이것이다. 오늘날은 명상에 대한 반감으로 묵상조차 거부한다. 그러면 무엇이 잘못된 명상이고 무엇이 성경적 묵상인가? 저자는 방대한 청교도 문헌을 조사하여 청교도들이 실천한 묵상을 정리하여 제시하면서, 성경적 묵상이란 무엇이고, 왜 묵상을 해야 하며, 어떻게 구체적으로 묵상을 실천하는지 알려준다. 우리는 다시금 이 필수적인 실천사항으로 돌아가야 한다.

8. 9Marks 힘든 곳의 지역 교회
가난하고 곤고한 곳에 교회가 어떻게 생명을 가져다 주는가

메즈 맥코넬, 마이크 맥킨리 지음 | 김태곤 옮김

이 책은 각각 브라질, 스코틀랜드, 미국 등의 빈궁한 지역에서 지역 교회 사역을 해 오고 있는 두 명의 저자가 그들의 실제 경험을 바탕으로 쓴 책이다. 이 책은 그런 지역에 가장 필요한 사역, 가장 효과적인 사역, 장기적인 변화를 가져오는 사역이 무엇인지 가르쳐준다. 힘든 곳에 사는 사람들을 긍휼히 여기는 마음이 있다면 꼭 참고할 만한 책이다.

9. 북미 개혁교단의 교회개척 매뉴얼
URCNA 교단의 공식 문서를 통해 배우는 교회개척 원리와 실천

이 책은 북미연합개혁교회(URCNA)라는 개혁 교단의 교회개척 매뉴얼로서, 교회개척의 첫 걸음부터 그 마지막 단

계까지 성경의 원리에 입각한 교회개척 방법을 가르쳐준다. 모든 신자는 함께 교회를 개척하여 그리스도의 나라를 확장해야 한다.

10. 생기 넘치는 교회의 4가지 기초
건강한 교회 생활의 개혁된 실천
윌리엄 보에케스타인, 대니얼 하이드 공저

이 책은 두 명의 개혁파 목사가 교회에 대해 저술한 책이다. 이 책은 기존의 교회성장에 관한 책들과는 궤를 달리하며, 교회의 정체성, 권위, 일치, 활동 등 네 가지 영역에서 성경적 원칙이 확립되고 '질서가 잘 잡힌 교회'가 될 것을 촉구한다. 이 4가지 부분에서 성경적 실천이 조화롭게 형성되면 생기 넘치는 교회가 되기 위한 기초가 형성되는 셈이다. 이 네 영역 중 하나라도 잘못되고 무질서하면 그만큼 교회의 삶은 혼탁해지며 교회는 약해지게 된다.

11. 예배의 날
제4계명의 개혁된 실천
라이언 맥그로우 지음 | 조계광 옮김

제4계명은 십계명 중 하나로서 삶의 골간을 이루는 중요한 계명이다. 하나님의 뜻을 따르는 우리는 이를 모호하게 이해하고, 모호하게 실천하면 안 되며, 제대로 이해하고, 제대로 실천해야 한다. 이를 위해 우리는 이 계명의 참뜻을 신중하게 연구해야 한다. 이 책은 가장 분명한 논증을 통해 제4계명의 의미를

해석하고 밝혀준다. 하나님은 그날을 왜 제정하셨나? 그날은 얼마나 복된 날이며 무엇을 하면서 하나님의 복을 받는 날인가? 교회사에서 이 계명은 어떻게 이해되었고 어떤 학설이 있고 어느 관점이 성경적인가? 오늘날 우리는 이 계명을 어떻게 지킬 것인가?

12. 단순한 영성
영적 훈련의 개혁된 실천
도널드 휘트니 지음 | 이대은 옮김

본서는 단순한 영성을 구현하기 위한 영적 훈련 방법에 대한 소중한 조언으로 가득하다. 성경 읽기, 성경 묵상, 기도하기, 일지 쓰기, 주일 보내기, 가정예배, 영적 위인들로부터 유익 얻기, 독서하기, 복음전도, 성도의 교제 등 거의 모든 분야의 영적 훈련에 대해 말하고 있다. 조엘 비키 박사는 이 책의 내용의 절반만 실천해도 우리의 영적 생활이 분명 나아질 것이라고 한다. 그리고 한 장씩 주의하며 읽고, 날마다 기도하며 실천하라고 조언한다.